Richtig sammeln und verarbeiten

Pilze

D1917399

Björn Weißmann (Hrsg.)

Richtig sammeln und verarbeiten

Pilze

Mit vielen Rezepten für schmackhafte Gerichte
und praktischen Tips zum Haltbarmachen

BUCH UND ZEIT
BZ

Buch und Zeit Verlagsgesellschaft mbH · Köln

ISBN 3-8166-9782-8

© 1994 Genehmigte Ausgabe
Die Verwertung der Texte und Bilder, auch auszugsweise, ist ohne Zustimmung des Verlags urheberrechtswidrig und strafbar. Dies gilt auch für die Vervielfältigungen, Übersetzungen, Mikroverfilmung und die Verarbeitung mit elektronischen Systemen.
Titelbild: Heinz Schrempp, Breisach; Umschlagrückseite: TLC Foto-Studio GmbH, Velen-Ramsdorf
Titelgestaltung: Peter Udo Pinzer
Pilzporträtfotos: Heinz Schrempp, Breisach, außer Fotos Seite 40, 49, 50, 60, 72, 85, 89 und 107: Edmund Garnweidner, Fürstenfeldbruck
Fotos Rezeptteil: Archiv
Redaktion: Herta Winkler
Die Ratschläge in diesem Buch sind von Autor und Verlag sorgfältig erwogen und geprüft, dennoch kann eine Garantie nicht übernommen werden. Eine Haftung des Autors bzw. des Verlags und seiner Beauftragten für Personen-, Sach- und Vermögensschäden ist ausgeschlossen.
Gesamtkonzeption: Buch und Zeit Verlagsgesellschaft mbH · D-Köln

1999978294X7 2635 4453 6271

Inhaltsverzeichnis

Teil 1 Pilze

Allgemeines über Pilze

Ohne die Pilze gäbe es heute kein Leben auf der Erde. Kontinente und Meere wären ohne die Zersetzungsarbeit der Pilze längst unter einer dicken Schicht von toten Pflanzen und Tieren erstickt. Sie gehören zum Kreislauf der Natur. Nur die Pflanzen mit ihren grünen Chlorophyllkörnern können im Sonnenlicht aus Kohlendioxid und Wasser organische Verbindungen aufbauen: Zucker, Stärke und Zellulose. Diese Pflanzen sind die Produzenten. Tiere können das nicht. Sie müssen sich von anderen Lebewesen ernähren, von Pflanzen oder von pflanzenfressenden Tieren. Sie sind die Konsumenten. Die Abfälle und die toten Lebewesen müssen schließlich wieder zersetzt werden, müssen wieder in anorganische Verbindungen umgewandelt werden. Das besorgen Lebewesen, die kein Chlorophyll enthalten, die Bakterien und die Pilze. Sie sind die Destruenten.

So notwendig die Pilze für diesen Kreislauf sind, so lästig sind sie in mancherlei Hinsicht für den Menschen. Ein förmlicher Regen von Pilzsporen rieselt ununterbrochen auf die Erde nieder, und wenn die Sporen auf unseren Nahrungsmitteln auskeimen, werden diese ungenießbar. Mikroskopisch kleine Pilze können im Pflanzenbau schlimme Schäden anrichten, in tropischen Ländern vernichten sie bis zu 50 Prozent der Ernte. Aber Pilze haben auch ihr Gutes. Ohne die Hefepilze gäbe es weder Brot noch Bier noch Wein. Als es gelang, aus einem Schimmelpilz Penicillin zu gewinnen, konnten Millionen von Menschen gerettet werden, die sonst an Infektionskrankheiten gestorben wären.

Pilze bestehen aus aus farblosen Zellen, die einen Zellkern haben und deren Wand aus einem chitinähnlichen Stoff besteht. Sie haben weder Wurzeln oder Stengel noch Blätter oder Blüten. Sie gehören mit den Algen und Moosen zusammen zu den Lagerpflanzen. Wenn eine Pilzspore auskeimt, so bilden sich zarte, farblose Fäden, die in der Fachsprache Hyphen genannt werden. Viele solcher Fäden wachsen zu einem Pilzgeflecht zusammen, dem sogenannten Myzel. Dieses Pilzgeflecht wächst nicht nur im Boden, sondern es bildet bei den „Schwämmen" auch den gesamten Körper aus, den Stiel, den Ring und den Hut mit seinen Lamellen oder Röhren. Aber dieser Fruchtkörper kann sich nur bilden, wenn zwei Pilzfäden aufeinander zu wachsen und an der Berührungsstelle miteinander verschmelzen. Danach bildet sich an einer Verdickung der Fruchtkörper, an dem neue Sporen entstehen. Diese Sporen können dabei im Inneren eines kleinen Sporenschlauches entstehen, den sie zur Reifezeit

Allgemeines über Pilze

durch ein Loch verlassen. Man nennt solche Pilze Schlauchpilze (Ascomyceten). Die Sporen können aber auch außen an kleinen, blasenförmigen Sporenständern angelegt werden, von dem sie abfallen. Man nennt diese Pilze Ständerpilze (Basidiomyceten). Von den etwa 60.000 bisher bekannten Pilzarten gehören etwa 20.000 zu den Schlauchpilzen und 15.000 zu den Ständerpilzen. Bekannte Vertreter der Schlauchpilze sind die Becherlinge, Morcheln, Lorcheln und Trüffeln. Die meisten der in diesem Buch beschriebenen Pilze gehören aber zu den Ständerpilzen.

Die Bestimmung der Pilze

Mehr als 3.000 Großpilze gibt es allein in Mitteleuropa. Sie alle darzustellen ist in einem einzigen Buch weder möglich noch erwünscht. Nur dem Fachmann wäre damit gedient, während der Pilzsammler von der Formenfülle überfordert wäre. Eine Auswahl von etwa 100 Pilzen, wie sie hier getroffen wurde, kann nur die wichtigsten eßbaren Pilze und ihre ungenießbaren Doppelgänger behandeln sowie die Giftpilze, vor deren Verzehr nicht nachdrücklich genug gewarnt werden kann.

Durch den Vergleich mit den Fotos können bereits viele Pilze sicher angesprochen werden. Aber dennoch ist es nötig, auch die Beschreibung sorgfältig zu lesen. Hier finden sich viele Hinweise auf charakteristische Ausbildungen, die man beim Bild allein nicht beachtet, oder die nicht gezeigt werden können, zum Beispiel Verfärbungen des Fleisches und der Lamellen, Veränderungen im Stiel, vor allem aber der Geruch und der Geschmack, die für Pilze ganz typisch sind. Auch der Standort eines Pilzes ist oftmals für die Bestimmung wichtig. Es gibt Pilze, die nur unter bestimmten Bäumen vorkommen, weil sie auf deren Wurzeln parasitieren. Manche wachsen nur in der Nadelstreu, andere nur an Baumstümpfen. Alle diese Merkmale sind bei den Beschreibungen berücksichtigt. Dabei werden Fachausdrücke verwendet, die in den folgenden Abbildungen erklärt werden.

Die wichtigsten Gruppen der Großpilze

Ständerpilze

1. Blätterpilze

Die Sporen entstehen auf der Oberfläche von blattartigen Gebilden (Blätter, Lamellen) auf der Unterseite der hut- oder schirmähnlichen Fruchtkörper. Die Lamellen sind gewöhnlich radial vom Rande des Hutes gegen den Stiel angeordnet. Dabei sind die Blätter entweder weich und biegsam oder auffallend spröde und brüchig wie bei den Täublingen und Milchlingen.

Bei einer Anzahl von Pilzen ist der Hut von einer sog. Hülle (äußere Hülle) umschlossen, die in der Jugend den Pilz wie eine Eierschale umgibt. Im Verlaufe der weiteren Entwicklung zerreißt sie und bleibt in Form von Hautfetzen oder Tupfen auf der Hutoberfläche zurück. Mitunter sind die Pilze neben dieser äußeren Hülle auch mit einer sog. inneren Hülle versehen, die Hutrand und Stiel in jungem Zustand verbindet und die Blätter vollkommen einschließt. Im Laufe der Entwicklung des Hutes platzt sie, reißt am Hutrand ab und bleibt dann am Stiel in Form eines häutigen Ringes oder einer Manschette zurück. Zuweilen ist diese innere Hülle nur spinnwebartig oder fädig (Schleier) und verschwindet später ganz. Die Blätterpilze sind die bedeutendste Gruppe der Hutpilze und stellen daher nicht nur die meisten eßbaren, sondern auch die meisten ungenießbaren und giftigen Arten.

2. Röhren- oder Porenpilze

Die Sporen entstehen auf der Innenseite von Röhren, Löchern oder Poren, welche die Unterseite des Hutes bedecken. Dabei unterscheiden sich die eigentlichen Röhrenpilze von den Porenpilzen dadurch, daß sich bei ersteren die Röhrenschicht leicht vom Hutfleisch trennen läßt und die Röhren einen mehr oder weniger großen Durchmesser haben, während die Porenpilze meist nur nadelstichgroße, feine Öffnungen besitzen, die mit dem Hutfleisch ziemlich fest verwachsen sind.

Während die Röhrenpilze mehrere giftige Vertreter aufweisen, sind die Porenpilze, sofern sie weich und von angenehmem Geschmack sind, eßbar.

3. Stachelpilze

Die Sporen entstehen an der Außenseite von kleinen Zapfen oder Stacheln, die sich auf der Unterseite des Hutes befinden. Die Stachelpilze haben keinen giftigen, aber verschiedene ungenießbare Vertreter und sind, soweit sie weich sind und angenehm schmecken, eßbar.

Erscheinungsform der Hutpilze

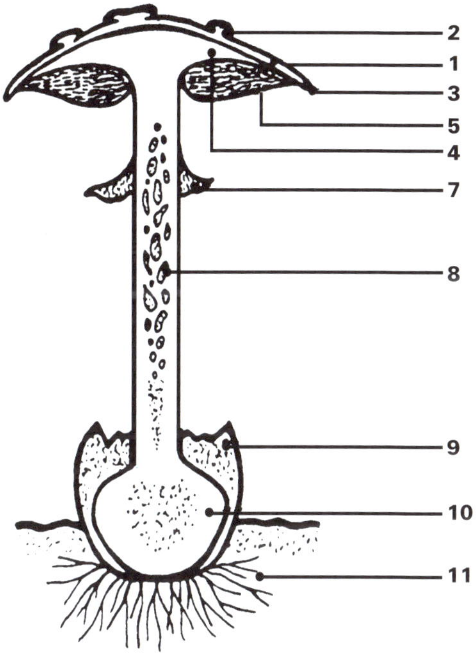

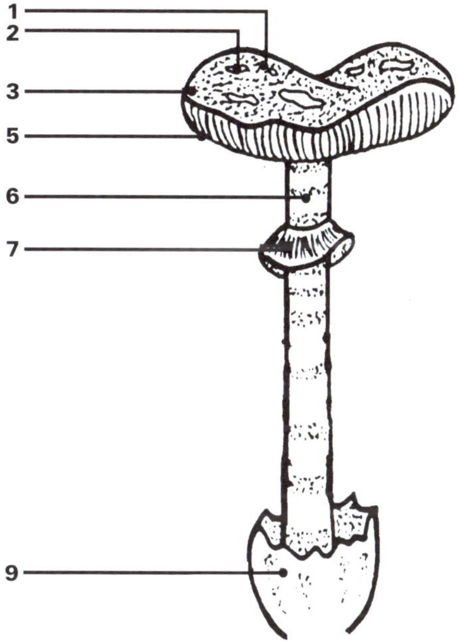

1 Hut

2 Oberhaut des Pilzhutes

3 Hutrand

4 Hutfleisch

5 Fruchtschicht. Sie kann aus Blättern, Röhren, Poren oder Stoppeln bestehen.

6 Stiel

7 Stielring oder Stielmanschette. Überrest einer beim jungen Pilz vorhandenen inneren Hüllschicht, welche Hutrand und Stiel verbindet und die Fruchtschicht schützt.

8 Das Stielfleisch kann fest, markig oder hohl sein.

9 Reste der äußeren Hullschicht, welche beim jungen Pilz Hutrand und Stielfuß verbindet; wird als Scheide bezeichnet.

10 Stielknolle (nicht nur bei Wulstlingen!)

11 Pilzmyzel, Pilzfäden

4. Strauch- oder Korallenpilze

Die Fruchtkörper sind strauchartig verzweigt und verästelt. Ihre Sporen entstehen auf der Außenseite der Verzweigungen. Auch diese Pilze haben mehrere giftige Vertreter.

5. Staubpilze

Die Fruchtkörper sind knollenförmig, kugelig oder birnenförmig. Die Sporen entstehen im Innern der Fruchtkörper, aus denen sie bei der Reife durch unregelmäßiges Zerreißen derselben oder durch eine regelmäßige, zentrale Öffnung am Scheitel des Fruchtkörpers in Form eines dichten Staubes austreten. Auch die Staubpilze sind in jungem Zustand, solange sie noch weiß und weich sind, eßbar. Nur der Kartoffelbovist ist giftig.

Schlauchpilze

6. Becherlinge

Sie besitzen becher-, muschel- oder ohrähnliche Fruchtkörper und sind nicht alle eßbar. Der Kronenbecherling, z. B. ist giftig.

7. Morcheln und Lorcheln

Die ersteren besitzen kegelförmige Fruchtkörper, die mit grubenartigen Vertiefungen versehen sind. Bei den Lorcheln sind die Hüte durch darm- oder gehirnähnliche Wülste gekennzeichnet. Die Morcheln sind eßbar, die ungenießbare Stinkmorchel ist keine Morchel, sondern nur wegen ihrer Ähnlichkeit so genannt. Unter den Lorcheln gibt es zwei giftige Vertreter: die Frühjahrslorchel und die Riesenlorchel.

8. Trüffeln

Unterirdisch wachsende, knollige Fruchtkörper, in deren Innern die Sporenschläuche unregelmäßig verteilt sind. Auch Trüffeln sind nicht alle eßbar.

Allgemeines über Pilze

Erklärung von Fachausdrücken

fast kugeliger Hut

kegeliger Hut

halbkugeliger Hut

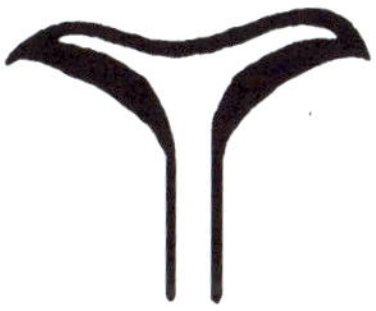

niedergedrückter Hut

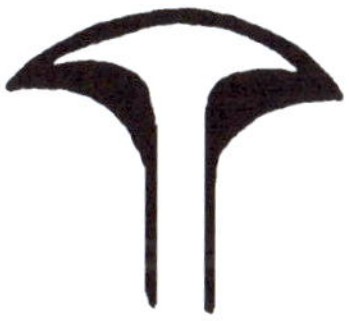

gewölbter Hut

gebuckelter Hut

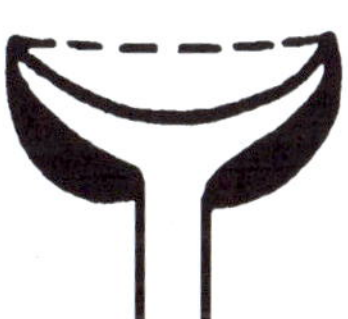

schüsselförmiger Hut

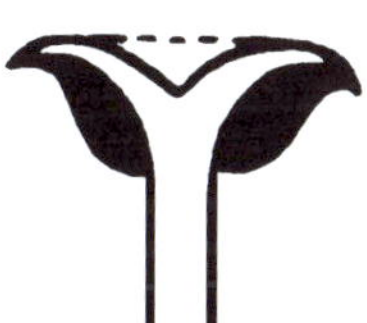

genabelter Hut

trichterförmiger Hut

Lamellen frei

Lamellen angeheftet

Lamellen angewachsen

Lamellen herablaufend

Giftpilze und Pilzgifte

Das einzige sichere Mittel, sich vor einer Pilzvergiftung zu schützen, ist die genaue Kenntnis der Pilze. Man sollte keinen Pilz essen, den man nicht mit Sicherheit kennt. Kommt es doch zu einer Erkrankung, so gibt es nur einen Weg: Sofort einen Arzt rufen, der alles weitere veranlassen wird.

Keine Pilzvergiftung gleicht der anderen. Jede verlangt besondere Maßnahmen. Darum ist es außerordentlich wichtig zu erfahren, welcher Pilz die Vergiftung hervorgerufen hat. Abfälle vom Reinigen der Pilze und Reste des Pilzgerichtes sind sicherzustellen. Erst dann ist der Arzt in der Lage, die speziellen Medikamente zu verabreichen und die notwendigen Hilfeleistungen anzuordnen.

Vor Jahren zählte man drei schwerstgiftige und etwa 20 weniger giftige Pilze. Die Jahr für Jahr vorkommenden Pilzvergiftungen brachten neue Erkenntnisse, und die Zahl der Giftpilze stieg erheblich. Heute spricht man von 80 Giftpilzen, wovon 20 Arten besonders gefährlich sind. Die tödlich giftigen Pilze enthalten mehrere giftige Verbindungen, z. B. Phalloidine und Amanitine. Es sind der Grüne Knollenblätterpilz (Amanita phalloides), der Weiße Knollenblätterpilz (Amanita verna) und der Kegelhütige Knollenblätterpilz (Amanita virosa). Erste Anzeichen einer Vergiftung mit Knollenblätterpilzen treten nach 8 bis 24 Stunden auf (Erbrechen, Durchfall, Krämpfe). Aber meist ist es dann zu spät; denn das Gift ist durch den Blutstrom längst im Körper verteilt und greift lebenswichtige Organe (Leber, Nieren, Herz und Gehirn) an. Damit wird ein allgemeiner Verfall eingeleitet. Unstillbarer Durst quält den Vergifteten.

Bei so spät einsetzenden Vergiftungserscheinungen ist der Verdacht auf Genuß von Knollenblätterpilzen begründet.

Zu der Gruppe der gefährlichen Gifpilze gehört auch die Frühjahrslorchel (Gyromitra esculenta) und die Riesenlorchel (Gyromitra gigas). Die Vergiftung tritt in 2 bis 6 Stunden nach Genuß auf (Mattigkeit, Kopfschmerzen, Durst, Völlegefühl, Übelkeit, heftiges Erbrechen, wässerige Durchfälle mit Blut und Schleim). Trotz des Abkochens kommen immer wieder Todesfälle vor. Vor einigen Jahren entdeckte man eine tödlich wirkende chemische Verbindung, die den Namen Gyromitrin erhielt.

In die Gruppe der ernst zu nehmenden Giftpilze gehört der Kronenbecherling (Sarcosphaera crassa). Folgen der Vergiftung (Anzeichen wie bei der Frühjahrslorchel) sind Nierenerkrankung, innere Blutungen, Zerstörung der roten Blutkörperchen.

Bei einer weiteren Pilzgruppe treten die Vergiftungserscheinungen beim Genuß oder kurz danach auf. In der Regel kommt es weder zu Erbrechen noch zu Durchfällen. Dagegen bewirken Nervengifte wie Muscarin eine starke Erregung mit rauschartigen Verwirrungszuständen – Weinen, Lachen, schließlich Tobsucht. Nach den Erregungszuständen folgt ein narkoseähnliches Lähmungsstadium, Bewußtlosigkeit. Wieder ist es notwendig, sofort den Arzt zu rufen. Unterdessen kann versucht werden, Magen und Darm zu entleeren, soweit der Vergiftete noch bei Bewußtsein ist.

Zu dieser Gruppe gehören der Fliegenpilz (Amanita muscaria) und der Pantherpilz (Amanita pantherina). Der Fliegenpilz enthält neben dem Muscarin einen zweiten Hauptwirkstoff. Diese verschieben sich jeweils nach dem Standort und wechseln das Mengenverhältnis. Der Fliegenpilz wird dadurch in manchen Gegenden Sibiriens als Rauschmittel benutzt; denn das Muscarin bewirkt auf die Großhirnrinde Rauschzustände.

Weiterhin gehören der Nervengift-Gruppe folgende Pilze an:
Inocybe patouillardii = Ziegelroter Rißpilz. Er enthält wesentlich mehr Muscarin als der Fliegenpilz. Vergiftungserscheinungen treten bei diesem Pilz sofort auf, so daß Hilfeleistungen umgehend eingeleitet werden können.
Auch einige hellfarbene Trichterlinge enthalten Muscarin, so der Rinnigbereifte Trichterling (Clitocybe rivulosa), der Rasentrichterling (Clitocybe dealbata) und der Bleiweiße Trichterling (Clitocybe phyllophila).
Die Rötlinge sind ebenfalls mit Vorsicht zu behandeln. Der gefährlichste unter ihnen ist der Riesenrötling (Entoloma lividum), er ist nicht tödlich, aber gefährlich giftig. Doch durch die kurze Latenzzeit ist es möglich, den Vergifteten sofort in ärztliche Behandlung zu geben. Für Magen- und Stuhlentleerung sorgen. Medizinische Kohle geben.
Von den Champignons ist hier ein giftiger Vertreter zu nennen: der Perlhuhn-Champignon (Agaricus praeclaresquamosus).
Die meisten übrigen Giftpilze bewirken mehr oder minder starke Verdauungsbeschwerden:
Amanita citrina: Gelber Knollenblätterpilz (schwach giftig),
Amanita porphyria: Porphyrbrauner Wulstling

Allgemeines über Pilze

Tricholoma sulphureum: Schwefelritterling
Cortinarius traganus: Lila Dickfuß
Hypholoma fasciculare: Grünblättriger Schwefelkopf
Boletus satanas: Satansröhrling
Boletus calopus: Schönfußröhrling
Ramaria pallida: Bauchwehkoralle
Ramaria formosa: Dreifarbige Koralle
Scleroderma citrinum: Dickschaliger Kartoffelbovist

Pilze, die – roh gegessen oder wenig gekocht – Verdauungsstörungen bewirken:
Boletus luridus: Netzstieliger Hexenröhrling
Amanita rubescens: Perlpilz
Amanita vaginata: Grauer Scheidenstreifling
Armillaria mellea: Hallimasch
Paxillus involutus: Kahler Krempling

Der Genuß des Faltentintlings (Coprinus atramentarius) hat unangenehme Folgen, wenn man zuvor oder hernach Alkohol trinkt. Man konnte lange nicht herausbringen, woher die Vergiftung kam. Zuerst Rötung des Gesichts, die ins Violette übergeht und sich über den Nacken und einen großen Teil des Körpers ausbreitet, während Nasenspitze und Ohrläppchen blaß bleiben. Erst als in anderem Zusammenhang der Entwöhnungsstoff „Antabus" entdeckt wurde, haben spätere Untersuchungen gezeigt, daß der gleiche Stoff in Coprinus atramentarius enthalten ist.

Der Hallimasch (Armillaria mellea) verursacht oft Magenschmerzen. Hier dürfen die Stiele nicht verwendet werden; denn ihre Inhaltsstoffe reizen die Magenschleimhaut.

Vergiftungen treten bei Genuß des Kahlen Kremplings (Paxillus involutus) auf. Sogar mehrere tödlich verlaufene Vergiftungen wurden gemeldet.

Pilzvergiftungen treten auch nach dem Genuß verdorbener Pilze, vor allem verdorbener Pilzkonserven, auf. Solche „Vergiftungen" beginnen meistens mit Übelkeit, Leibschmerzen und Muskelkrämpfen und ähneln dem Botulismus bei Wurst- oder Fleischvergiftung. Der Patient gehört sofort in die Hände eines Arztes.

Eingefrorene Pilze kann man essen, doch ist Vorsicht geboten. Wenn die Pilze auftauen, müssen sie wie frische Pilze aussehen. Schmierige oder schwammige Exemplare sind zu entfernen. Die aufgetauten Pilze müssen sofort verwendet werden, keinesfalls darf man sie noch einmal einfrieren.

Allgemeines über Pilze

10 Pilzregeln

1. *Sammeln Sie nur solche Pilze, von denen Sie sicher wissen, daß sie genießbar sind. Alle anderen soll man stehen lassen. Zwiebel und silberner Löffel sind auf keinen Fall Prüfmittel für die Giftigkeit.*

2. *Sammeln Sie möglichst junge Pilze. Alte, durchwässerte und angefaulte Exemplare schmecken nicht gut, und manche können darüber hinaus sogar eine giftige Wirkung haben. Sammeln Sie deshalb auch nie Pilze nach lange anhaltendem Regenwetter, da sie infolge des übermäßig hohen Wassergehaltes viel schneller faulen als trockene.*

3. *Achten Sie auf den Stiel des Pilzes! Knollen am Stielende und Manschetten am Schaft sind äußerst wichtige Erkennungsmerkmale. Das Abschneiden hat den Nachteil, daß die Stielbasis (Erkennungsmerkmal!) im Boden zurückbleibt. Deshalb grundsätzlich nicht abschneiden, sondern herausdrehen. Nur Holzbewohner, z. B. Hallimasch, Stockschwämme usw. soll man abschneiden.*

4. *Reinigen Sie die Pilze sofort am Sammelort von Erde, Laub und Tannennadeln. Fraßstellen oder leicht angefaulte Teile sorgfältig wegschneiden.*

5. *Benutzen Sie zum Sammeln druck- und stoßfeste Behälter (Körbe, Eimer und Kartons)! Keine Plastikbeutel! In Rucksack, Tüten, Beuteln oder Säckchen werden die Pilze zerdrückt, unansehnlich und verderben leicht.*

6. *Entfernen Sie beim Putzen nur alte Röhren und nur wo notwendig die Huthaut.*

7. *Zerstören Sie nie Pilze, die Sie nicht kennen oder nicht bestimmen können, zumal die Pilze weiteren Sammlern von Nutzen sein können. In diesem Buche sind etwa 100 der wichtigsten heimischen Pilze abgebildet; es gibt aber allein in Deutschland etwa 3.000 Arten Großpilze.*

8. *Lassen Sie auch die für Menschen ungenießbaren Pilze stehen; sie sind oft Nahrung für das Wild und von großer Bedeutung für den Haushalt der Natur.*

9. *Das Sammelgut zu Hause sofort putzen. Wenn die Pilze nicht gleich verwendet werden können, flach ausbreiten, kühl und luftig lagern. Nicht in den Kühlschrank, sondern auf den Balkon oder ans offene Fenster legen.*

10. *Bei auftretenden Erkrankungen durch Pilze unbedingt* ***sofort*** *den Arzt holen.*

eßbar

Steinpilz

Herrenpilz
Boletus edulis

Hut: *5 bis 30 cm Durchmesser, anfangs halbkugelig, dann gewölbt, hell bis dunkelbraun, jung trocken, später bei feuchtem Wetter etwas schmierig, polsterförmig. Röhren fast weiß, schließlich gelbgrün.*
Stiel: *5 bis 12 cm hoch, anfangs bauchig, später keulenförmig, im Alter fast walzenförmig, weißlich, später hell bräunlich, aber heller als der Hut, im oberen Teil mit einer langmaschig gestreckten, wenig hervortretenden Netzzeichnung.*
Fleisch: *Dick, weiß, unter der Oberhaut manchmal etwas bräunlich, an der Schnittfläche nicht verfärbend.*
Geruch: *Angenehm nußartig.*
Standort und Vorkommen: *Laub- und Nadelwälder, Waldwiesen, vor allem in der Nähe von Fichten, Mai bis November.*
Bemerkungen: *Ein vorzüglicher Speisepilz. Geeignet zum Braten, Schmoren, Einmachen, Trocknen, für Suppen, Salate. Bei älteren Pilzen die Huthaut abziehen und die Röhrenschicht entfernen.*
Verwechslungsmöglichkeit: *Ähnlich der ungenießbare Gallenröhrling.*

ungenießbar

Gallenröhrling

Tylopilus felleus

Hut: *4 bis 12 cm breit, anfangs halbkugelig, dann gewölbt bis ausgebreitet, olivgrau, hellbraun bis dunkelbraun, Oberhaut samtig bis glatt, nicht abziehbar.*
Röhren erst weiß, dann rosa bis rötlichgelb, bei Druck rotbraun anlaufend, bei älteren Pilzen polsterförmig vorquellend.
Stiel: *8 bis 15 cm hoch, bauchig, hellbraun bis bräunlich, mit braungelblicher oder olivbrauner, auffälliger Netzzeichnung.*
Fleisch: *Weiß, an der Luft etwas rosa, fest bis schwammig, im Stiel faserig.*
Geruch: *Ohne besonderen Geruch.*
Geschmack: *Gallenbitter. Sicheres Kennzeichen: Kostprobe.*
Standort und Vorkommen:
In Laub- und Nadelwäldern, oft unter Fichten und Kiefern, auf sauren Böden, Juni bis Oktober.
Bemerkungen: *Nicht giftig, aber wegen seines bitteren Geschmacks ungenießbar.*
Verwechslungsmöglichkeit:
Wird jung häufig mit dem Steinpilz verwechselt.

eßbar

Maronenröhrling

Marone
Xerocomus badius

Hut: *5 bis 12 cm breit, anfangs halbkugelförmig, später flachbuckelig, dickfleischig, graubraun, kastanienbraun oder rotbraun, Oberhaut samtig, matt, trocken, bei feuchtem Wetter schmierig. Röhren blaßgelb, grünlichgelb bis schmutziggrünlich, bei Druck blaugrün anlaufend, am Stiel angewachsen, aber ringsum leicht ausgebuchtet.*
Stiel: *6 bis 12 cm hoch, 2 bis 4 cm dick, auf gelblichem Grund gelblichbraun und faserig gestreift, aber nicht genetzt, meist etwas krumm, voll.*
Fleisch: *Gelblichweiß, bei Druck schwach bläulich, unter der Oberhaut rötlich anlaufend. Jung fest und kernig, im Alter schwammig.*
Geruch: *Angenehm, nuß- bis obstartig.*
Geschmack: *Angenehm, mild.*
Standort und Vorkommen: *Nadelwälder, seltener Laubwälder, an Lichtungen und Waldrändern, zwischen Moos, auf Nadelstreu, Juli bis November.*
Bemerkungen: *Ein vorzüglicher Speisepilz. Wie Steinpilz verwenden. Ähnlich und ebenfalls eßbar der Braune Filzröhrling (Xerocomus spadiceus) mit einem groben braunen Netz auf dem Stiel.*
Verwechslungsmöglichkeiten: *Gallenröhrling (Vorsicht!), Steinpilz (eßbar!).*

Sandröhrling

Suillus variegatus

Hut: *8 bis 15 cm breit, anfangs halbkugelförmig, später flach polsterförmig mit scharf eingerolltem Rand, gelb, goldgelb, ockeroliv, trocken, mit haarigen kleinen Flocken besetzt, die im Alter nach Regenwetter verschwinden, bei Nässe etwas schleimig. Röhren braungelb bis dunkeloliv, bei Druck blau anlaufend, kurz, etwas am Stiel herablaufend.*

Stiel: *6 bis 8 cm hoch, fleischig, gleichmäßig dick, in der Farbe etwas heller als der Hut, unten etwas filzig, sonst glatt.*

Fleisch: *Gelblichweiß, läuft beim Zerschneiden bläulich an.*

Geruch: *Eigentümlich säuerlich, nicht unangenehm.*

Geschmack: *Mild.*

Standort und Vorkommen: *Auf sandigen Böden nur unter Kiefern, August bis Oktober.*

Bemerkungen: *Eßbar, nur als Mischpilz und zum Trocknen zu verwenden.*

Verwechslungsmöglichkeit: *Kuhröhrling (eßbar).*

eßbar

Rotfußröhrling

Xerocomus chrysenteron

Hut: *3 bis 7 cm im Durchmesser, halbkugelförmig, später flach gewölbt, bräunlich, grau bis dunkelolivbraun, oft rissig, in den Rissen oder unter der Oberhaut gerötet. Röhren gelb, später gelbgrün, bei Druck schmutziggrün anlaufend, ihre Mündungen groß, eckig.*
Stiel: *4 bis 8 cm hoch, verhältnismäßig dünn, gelb oder braungelb, im unteren Teil oft rot überlaufen, voll, meist ein wenig gebogen.*
Fleisch: *Gelb oder blaßgelb, später fast weiß, unter der Huthaut rot, an Bruchstellen blau bis grünlich anlaufend, im Alter schwammig.*
Geruch: *Angenehm, obstartig.*
Geschmack: *Mild.*
Standort und Vorkommen: *Nadelwald, Laubwald, besonders an Lichtungen und Waldrändern, in Parkanlagen und großen Gärten, Juli bis November.*
Bemerkungen: *Speisepilz von mittlerer Qualität, jung sehr schmackhaft. Verwendung wie Steinpilz. Oft vom Goldschimmel (Hypomyces chrysospermus) befallen und dann ungenießbar.*

eßbar

Ziegenlippe

Xercomus subtomentosus

Hut: *3 bis 12 cm im Durchmesser, anfangs halbkugelförmig, später flach gewölbt, graugelb, graubraun, olivbraun, Oberhaut nicht abziehbar, feinfilzig, trocken, glanzlos, fühlt sich wie Wildleder an. Röhren lebhaft goldgelb, im Alter leicht grünlich bis braun, bei Druck nicht verfärbend, lösen sich leicht vom Hutfleisch, ihre Poren groß und eckig.*

Stiel: *6 bis 10 cm hoch, 1 bis 2 cm dick, walzenförmig blaßgelb oder etwas rotbraun, voll.*

Fleisch: *Verhältnismäßig fest, im Hut fast weiß, im Stiel gelblich, verändert beim Zerschneiden kaum die Farbe, zart.*

Geruch: *Schwach obstartig.*

Geschmack: *Mild.*

Standort und Vorkommen: *Laubwald, selten Nadelwald, an Waldwegen, Lichtungen, Juli bis Oktober.*

Bemerkungen: *Eßbar, jung sehr schmackhaft. Kaum Verwechslungsmöglichkeiten. Wird oft vom Goldschimmel (Hypomyces chrysospermus) befallen und ist dann ungenießbar.*

eßbar

Butterröhrling

Butterpilz
Suillus luteus

Hut: *5 bis 12 cm breit, anfangs kugelig, später ausgebreitet, bräunlichgelb bis schokoladenbraun, Oberhaut klebrig und leicht abziehbar, bei feuchtem Wetter mit schmierigem, dunkelbraunem Schleim überzogen, bei trockenem Wetter samtig. Röhren hellgelb, butterfarbig, später braungelb, mit dem Stiel verwachsen, lassen sich leicht vom Hutfleisch lösen, ihre Mündungen eng, klein.*
Stiel: *5 bis 10 cm hoch, 1 bis 2,5 cm dick, weißlich, voll, beringt, über dem Ring mit bräunlichen Punkten besetzt, Ring auf der Unterseite braun.*
Geruch: *Angenehm, obstartig.*
Geschmack: *Etwas säuerlich.*
Standort und Vorkommen:
Nur unter Kiefern, an Waldlichtungen, Waldrändern, Juni bis Oktober.
Bemerkungen: *Galt früher als guter Speisepilz, kann aber nicht empfohlen werden, da starke allergische Reaktionen bekannt wurden.*
Verwechslungsmöglichkeit:
Goldröhrling (eßbar), Schmerling (eßbar).

eßbar

Goldröhrling

Suillus grevillei

Hut: *Bis 12 cm breit, halbkugelförmig bis flach, oft breit gebuckelt, goldgelb bis braungelb, Oberhaut zuerst schleimig, bei trockenem Wetter glänzend, trocken, Röhren hellgelb bis bräunlich, an Druckstellen rötlichbraun, engporig, bei jungen Pilzen hat der Hutrand einen gelben Schleier.*

Stiel: *6 bis 10 cm hoch, fleischig, hellgelb beringt, über dem Ring goldgelb und braun punktiert.*

Fleisch: *Gelb, verfärbt sich beim Durchschneiden im Stiel schwach rosig, saftig, zart.*

Geruch: *Obstartig.*

Geschmack: *Mild.*

Standort und Vorkommen: *Nadelwald und Parkanlagen, nur unter Lärchen, Juni bis Oktober.*

Bemerkungen: *Eßbar, schmackhaft, bei älteren Pilzen die Oberhaut abziehen! Am besten nur junge Pilze verwenden!*

Verwechslungsmöglichkeit: *Butterröhrling (eßbar).*

eßbar

Espenrotkappe

Kapuziner
Leccinum aurantiacum

Hut: *8 bis 25 cm breit, halbkugelförmig bis gewölbt, dickfleischig, orangerot bis ziegelrot, Oberhaut nicht abziehbar, den Hutrand überragend, einen lappigen Saum bildend, trocken, bei feuchtem Wetter schleimig. Röhren gelblichgrau, vom Stiel deutlich abgesetzt, ihre Mündung hellgrau.*
Stiel: *8 bis 20 cm hoch, 3 bis 5 cm dick, weißlichgrau, mit orangebraunen Schuppen bedeckt.*
Fleisch: *Weißlich, läuft beim Durchschneiden blaugrau bis grauviolett an, bei jungen Pilzen fest, im Alter weich.*
Geruch und Geschmack: *Angenehm.*
Standort und Vorkommen: *Lichte Laubwälder, Waldränder, unter Espen, Juni bis Oktober.*
Bemerkungen: *Eßbar, sehr schmackhaft. Fleisch dunkelt beim Kochen, zum Einmachen und Trocknen geeignet.*
Verwechslungsmöglichkeit: *Birkenröhrling (eßbar).*

Birkenröhrling

Leccinum scabrum

Hut: *4 bis 12 cm breit, halbkugelig bis flach, dickfleischig, grau, graubraun, rotbraun bis dunkelbraun, Oberhaut nicht abziehbar, glatt, trocken, bei feuchtem Wetter schmierig. Röhren hellgrau, an Druckstellen bräunlich, am Stiel durch eine Rinne abgesetzt, vom Hutfleisch leicht lösbar, ihre Mündungen klein, rund.*

Stiel: *8 bis 16 cm hoch, 1 bis 3 cm dick, weiß bis hellgrau, mit dunklen Schuppen besetzt, vollschlank, meist oben schmaler.*

Fleisch: *Weiß, verfärbt sich beim Durchschneiden leicht grau, bei jungen Pilzen fest, im Alter schwammig, bei feuchtem Wetter wässerig.*

Geruch: *Angenehm.*

Geschmack: *Mild, süßlich.*

Standort und Vorkommen: *In lichten Wäldern, an Waldrändern, Gebüschen, Heiden, immer unter oder bei Birken, Juni bis Oktober.*

Bemerkungen: *Eßbar, sehr schmackhaft, nur den Hut verwenden, das Fleisch dunkelt beim Kochen.*

Verwechslungsmöglichkeiten: *Espenrotkappe (eßbar).*

eßbar

Schmerling

Körnchenröhrling
Suillus granulatus

Hut: *5 bis 10 cm breit, zuerst gewölbt, dann flach, Rand eingebogen und scharf, goldgelb bis rostgelb, Oberhaut leicht abziehbar, sehr schleimig, bei trockenem Wetter glatt und glänzend. Röhren buttergelb bis oliv, ihre Mündungen klein, rundlich bis eckig, bei jungen Pilzen mit milchigen Tropfen.*

Stiel: *4 bis 8 cm hoch, bis 2,5 cm dick, hellgelb, oben mit gelblichen bis braunen Körnchen besetzt, ohne Ring, fleischig.*

Fleisch: *Hellgelb, nicht verfärbend, fest bis weich.*

Geruch: *Schwach obstartig.*

Geschmack: *Angenehm.*

Standort und Vorkommen: *Nadel- und Mischwälder, Waldwiesen, unter Kiefern, vorwiegend auf Kalk, Juni bis Oktober.*

Bemerkungen: *Eßbar und schmackhaft, aber zuweilen mit abführender Wirkung.*

Verwechslungsmöglichkeiten: *Butterröhrling, Goldröhrling, Kuhröhrling, Sandröhrling (alle eßbar).*

eßbar

Kuhröhrling

Suillus bovinus

Hut: *Bis 12 cm breit, gummiartig biegsam, gewölbt, zuletzt abgeflacht, gelbbraun bis ockerbraun, bei Nässe schmierig. Röhren gelb, graugelb bis grünlich, Poren weit, eckig.*
Stiel: *4 bis 8 cm hoch, gelb, glatt.*
Fleisch: *Gelblich bis schwach rötlich, grünlichblau beim Anschneiden, zäh, gummiartig biegsam.*
Geruch: *Obstartig.*
Geschmack: *Nicht stark ausgeprägt, etwas bitter.*
Standort und Vorkommen: *In Wäldern, auf Heiden und an Moorrändern, unter Kiefern, auf Sandboden, Juli bis Oktober.*
Bemerkungen: *Eßbar, jedoch minderwertig. Nur als Mischpilz und als Pilzpulver geeignet.*
Verwechslungsmöglichkeit: *Schmerling (eßbar).*

giftig

Satansröhrling

Satanspilz
Boletus satanas

Hut: *6 bis 25 cm Durchmesser, bis zum Alter halbkugelig, etwas buckelig verbogen, polsterförmig, weißlichgrau, trocken, an Druckstellen grau. Röhren gelbgrünlich, an den Mündungen karminrot, im Alter schmutziggrün, bei Druck blau werdend.*

Stiel: *Bis 12 cm hoch, dickbauchig, oben gelb, unten karminrot, am Grunde grünlichgrau, mit deutlicher, karminroter Netzzeichnung.*

Fleisch: *Weiß, beim Durchschneiden bläulich, im Stiel rötlich, fest.*

Geruch: *Süßlich, schwach widerlich bis aasartig.*

Geschmack: *Mild (keine Kostprobe!).*

Standort und Vorkommen:
Lichter Laubwald (Buchen), Nadelwald, meist nur auf Kalkböden.

Verwechslungsmöglichkeiten:
Kann mit dem Schönfußröhrling (ungenießbar) und dem Netzstieligen Hexenröhrling (giftig) verwechselt werden.

ungenießbar

Schönfußröhrling

Boletus calopus

Hut: *8 bis 15 cm im Durchmesser, halbkugelförmig mit eingebogenem Rand, graubraun, bis grünlichbraun, Oberhaut samtig, manchmal rissig, trocken. Röhren anfangs zitronengelb, später grünlicher, nie rot, an der Schnittfläche blaugrün anlaufend, feinporig.*

Stiel: *6 bis 10 cm hoch, bis 4 cm dick, oben gelb, unten karminrot, im Alter blasser, am Grunde knollig, in der ganzen Länge von einer helleren Netzzeichnung überzogen.*

Fleisch: *Weiß bis gelblich, verfärbt sich beim Durchschneiden bläulich, bald wieder verblassend.*

Geruch: *Unangenehm.*

Geschmack: *Zuerst süßlich, dann gallenbitter.*

Standort und Vorkommen: *Laubwald (Buchenwald), Nadelwald, auf saurem Boden, Juli bis Oktober.*

Bemerkungen: *Nicht giftig, aber ungenießbar.*

Verwechslungsmöglichkeiten: *Kann mit dem Netzstieligen Hexenröhrling (giftig) und dem Satansröhrling (giftig) verwechselt werden.*

giftig

Netzstieliger Hexenröhrling

Boletus luridus

Hut: *10 bis 16 cm im Durchmesser, polsterförmig, gelbbraun bis schmutzigbraun, filzig, später kahl, dickfleischig. Röhren gelb bis olivgelb, bei Berührung sofort blaugrün bis dunkelblau anlaufend, an der Mündung orangerot bis braunrot oder dunkelpurpur.*

Stiel: *Bis 13 cm hoch, oben gelb bis orange, unten purpurrot, mit rötlicher Netzzeichnung, bei Druck blau anlaufend, jung bauchig, dann länger und nach unten keulenförmig.*

Fleisch: *Blaßgelb, im Stielgrund weinrot (Hauptkennzeichen!), wird im Bruch sofort blau bis blaugrün.*

Geruch: *Nicht ausgeprägt.*

Geschmack: *Säuerlich.*

Standort und Vorkommen:
Laubwald (Birken, Linden, Buchen) und in Parkanlagen, Kalkböden, Juni bis Oktober.

Bemerkungen: *Der Pilz gilt als eßbar, wenn folgendes beachtet wird: 20 Minuten abkochen, Wasser weggießen, aber keinen Alkohol trinken, da sonst Herzbeschwerden und Übelkeit eintreten.*

eßbar

Flockenstieliger Hexenröhrling

Boletus erythropus

Hut: *4 bis 20 cm im Durchmesser, mittelbraun bis dunkelbraun, filzig bis samtig, später kahl, dickfleischig. Röhren gelbgrün, schnell grünblau anlaufend, an den Mündungen dunkelrot.*

Stiel: *5 bis 15 cm hoch, in der Jugend bauchig, dann länger und nach unten keulenförmig, in der Mitte auf gelbem Grund mit roten Flocken punktiert, ohne Netz, bei Druck blau anlaufend.*

Fleisch: *Goldgelb, läuft beim Anschnitt sofort dunkelblau an, später verblassend.*

Geruch: *Nicht ausgeprägt.*

Geschmack: *Unauffällig.*

Standort und Vorkommen:
Nadelwald (Fichten), Laubwald (Buchen, Eichen), auf kalkarmen Böden, Mai bis November.

Bemerkungen: *Ausgezeichneter Speisepilz; im Geschmack dem Steinpilz gleichwertig.*

tödlich giftig

Grüner Knollenblätterpilz

Amanita phalloides

Hut: 5 bis 15 cm im Durchmesser, flach gewölbt, olivgrün, grünlich, oft heller, selten weiß, manchmal mit Resten der äußeren Hülle, etwas radialfaserig. Lamellen reinweiß (niemals rosa oder dunkel wie bei Champignons), gedrängt, frei.
Stiel: 6 bis 12 cm hoch, verhältnismäßig schlank, weiß bis leicht olivgrün, mit etwas dunklerer Bandzeichnung (genattert), unten mit einer kugeligen Knolle, die mitunter tief in der Erde steckt, umgeben von einer lappigen, zackig aufgerissenen weißen Hautscheide, diese nur bei alten Pilzen oft vergänglich. Verdächtige Pilze daher immer herausheben. Manschette weiß, weißlichgelb, bis grünlich, herabhängend.
Fleisch: Weiß, nur unter der Oberhaut etwas grünlich, häufig von Schnecken angefressen (kein Kennzeichen der Eßbarkeit!).
Geruch: Süßlich honigartig.
Geschmack: Mild, Kostprobe ist lebensgefährlich!
Standort und Vorkommen: Laubwälder, besonders unter Eichen, auch in Parkanlagen, Juli bis Oktober.
Bemerkungen: Tödlich giftig!
Verwechslungsmöglichkeit: Champignon.

tödlich giftig

Weißer Knollenblätterpilz

Amanita verna

Hut: *Weiß, 4 bis 8 cm breit, flachgewölbt, niemals kegelig, mit weißem bis elfenbeinfarbenem Scheitel. Lamellen wie beim Grünen Knollenblätterpilz.*
Stiel: *6 bis 12 cm hoch, weiß, fast glatt, unten mit einer kugeligen Knolle, die von einer weißen, lappigen Hautscheide umgeben ist. Da die Knolle zuweilen in der Erde steckt, muß man verdächtige Pilze stets herausheben. Manschette weiß, kaum gerieft, brüchig, dünn.*
Fleisch: *Weiß, häufig angefressen.*
Geruch: *Widerlich, rettichartig, modrig.*
Geschmack: *Rettichartig. Kostprobe ist lebensgefährlich!*

Standort und Vorkommen:
In Laubwäldern und auf Kalk, Frühsommer bis Herbst.
Bemerkungen: *Tödlich giftig!*
Verwechslungsmöglichkeiten:
Weiße Champignons (eßbar). Der sehr ähnliche Spitzhütige Knollenblätterpilz (Amanita virosa) findet sich in Laub- und Nadelwäldern auf sandigen Böden. Er ist tödlich giftig!
Er wird leicht verwechselt mit dem eßbaren Dünnfleischigen Anisegerling (Agaricus silvicola), der mit ihm den gleichen Standort teilt: Beide sind Waldbewohner.

tödlich giftig

Pantherpilz

Amanita pantherina

Hut: *6 bis 10 cm im Durchmesser, bald ausgebreitet, grau bis gelbbraun mit vielen kleinen, weißen Flocken, der Hutrand gerippt, Oberhaut abziehbar. Lamellen weiß, weich, dichtstehend.*

Stiel: *Bis 12 cm hoch, weiß, flockig gefasert, unten in die stulpenförmige, von 1 bis 3 spiralförmigen Ringen umgebene Knolle eingepfropft. Manschette weiß, erst abstehend, dann hängend, nicht gerieft.*

Fleisch: *Weiß.*

Geruch: *Rettichartig.*

Geschmack: *Geschmacksprobe lebensgefährlich!*

Standort und Vorkommen:
Laub- und Nadelwälder, auf sauren Böden, Juli bis Oktober.

Bemerkungen: *Tödlich giftig!*

Verwechslungsmöglichkeiten:
Perlpilz (eßbar), Grauer Wulstling (eßbar).

eßbar

Perlpilz

Amanita rubescens

Hut: *5 bis 15 cm breit, zuerst kugelig, dann halbkugelförmig, fleischrötlich bis rotbräunlich mit flachen, gelblichen oder rosabräunlichen, nicht kegeligen Schuppen, Oberhaut leicht abziehbar. Lamellen weiß, im Alter und bei Druck rötlich oder rötlichbraun verfärbend, ziemlich breit, weich, engstehend.*

Stiel: *Bis 12 cm hoch, weiß bis rötlich, oberhalb der Manschette gestreift, darunter gefasert oder geschuppt, anfangs voll, später hohl, am Grunde keulig-knollig. Manschette hängend, gerieft, weiß bis grauviolett.*

Fleisch: *Weiß, rosa, schmutzigrot anlaufend, ein untrügliches Kennzeichen.*

Geruch: *Geruchlos.*

Geschmack: *Süßlich bis scharf, kratzend.*

Standort und Vorkommen: *Laub- und Nadelwälder, Parkanlagen, Juni bis Oktober.*

Bemerkungen: *Nach Abziehen der Huthaut eßbar! Angaben über Giftgehalt sehr uneinheitlich, roh jedenfalls unbekömmlich.*

Verwechslungsmöglichkeit: *Pantherpilz (stark giftig!). Dem Unerfahrenen wird vom Sammeln abgeraten!*

giftig

Gelber Knollenblätterpilz

Amanita citrina

Hut: *6 bis 12 cm breit, bald ausgebreitet, blaß zitronengelb, meist mit zahlreichen größeren, blaß ockerfarbenen Hautfetzen bedeckt, der Hutrand glatt. Lamellen weißlich (niemals rötlich wie bei Champignons), beim jungen Pilz von einer häutigen Hülle bedeckt, die später die Stielmanschette bildet.*

Stiel: *Bis 7 cm hoch, weiß bis blaß zitronengelb, unten mit einer großen, scharfrandigen Knolle, die besonders bei jungen Pilzen stark ausgeprägt ist. Manschette weiß.*

Fleisch: *Weiß.*

Geruch: *Nach rohen Kartoffeln.*

Geschmack: *Widerlich (keine Kostprobe!).*

Standort und Vorkommen: *Sandiger Nadelwald, Laubwald, Mischwald, Sommer bis Herbst.*

Bemerkungen: *Giftig!*

Verwechslungsmöglichkeit: *Weiße Champignons.*

giftig

Porphyrbrauner Wulstling

Amanita porphyria

Hut: *6 bis 9 cm breit, bald flach, porphyrbraun bis grauviolett mit bleigrauen Hüllresten, dünnfleischig, mit glattem Rand. Lamellen weiß, frei oder etwas angeheftet.*
Stiel: *7 bis 10 cm lang, weißlich oder grauviolett, zuweilen durch feine Schuppen gemasert (genattert), unten mit einer grauen, kugeligen Knolle, deren anliegender Saum den Stiel umschließt. Manschette weißgelblich oder grauviolett, hängend, leicht zerbrechend.*
Fleisch: *Weiß, unter der Huthaut violett.*
Geruch: *Meist nach Kartoffelkeller riechend.*
Geschmack: *Unangenehm rettichartig.*
Standort und Vorkommen:
In feuchten Nadelwäldern, auf sauren Böden.
Bemerkungen: *Schwach giftig. Verwechslung kaum möglich.*

eßbar

Grauer Scheidenstreifling

Amanita vaginata

Hut: *3 bis 12 cm breit, glockig, später flach ausgebreitet, dünnfleischig, mit kleinem Buckel, grau oder hellgrau, am Rande tief gekerbt.*
Lamellen weiß, gedrängt, mit flaumig bewimperter Schneide.
Stiel: *Bis 12 cm hoch, schlank, weißlich oder schmutzig-grau, stets ohne Ring, hohl sehr gebrechlich, unten nicht verdickt, von einer einfachen schlaffhäutigen, zerrissenen Scheide umgeben.*
Fleisch: *Weiß, zart.*
Geruch: *Geruchlos.*
Geschmack: *Süßlich.*

Standort und Vorkommen: *In Laub- und Nadelwäldern, Juni bis Oktober.*
Bemerkungen: *Eßbar, aber nicht ergiebig.*
Verwechslungsmöglichkeit:
Bei aufmerksamer Beachtung der deutlichen Merkmale nicht möglich. Ähnlich der Weiße Scheidenstreifling (Amanita alba) mit weißem Hut und manchmal mit flüchtiger Manschette, der Orangebraune Scheidenstreifling (Amanita crocea) mit orangefarbenem Hut und genattertem Stiel und der Rotbraune Scheidenstreifling (Amanita fulva) mit dunkelbraunem Hut und nicht genattertem Stiel (alle eßbar).

eßbar

Grauer Wulstling

Gedrungener Wulstling
Amanita spissa

Hut: *10 bis 16 cm im Durchmesser, fleischig, grau, aschgrau, oft dunkler, mit großen, weißlichen oder weißlichgrauen, manchmal konzentrische Kreise bildenden Flecken bedeckt, am Rand glatt. Lamellen weiß, gedrängt, hinten abgerundet.*
Stiel: *Bis 12 cm hoch, weiß, unten knollig verdickt und zwiebelförmig, mit mehreren undeutlichen gräulichen Warzengürteln. Manschette abstehend, auffällig gerieft, häutig.*

Fleisch: *Weiß, unter der Huthaut am Scheitel grau.*
Geruch: *Schwach nach Rettich.*
Geschmack: *Zuerst mild, später kratzend.*
Standort und Vorkommen: *Laub- und Nadelwälder, Parkanlagen, Juni bis Herbst.*
Bemerkungen: *Eßbar.*
Verwechslungsmöglichkeiten: *Pantherpilz (giftig!), Perlpilz (eßbar). Unerfahrene sollten den Grauen Wulstling auf jeden Fall meiden!*

giftig

Fliegenpilz

Amanita muscaria

Hut: *5 bis 15 cm breit, ausgebreitet, leicht gebuckelt, rot, orange, orangegelb, zumindest jung auf der Hutfläche mit weißen Flocken. Lamellen weiß.*
Stiel: *Bis 15 cm hoch, weiß bis blaßgelb, unten mit einer großen, wulstig gerandeten Knolle, mit warzigen Gürteln, Manschette weiß, hängend.*
Fleisch: *Weiß, unter der Huthaut gelb.*
Geruch und Geschmack: *Nicht hervortretend.*

Standort und Vorkommen: *Laub- und Nadelwälder, Gebüsche, Juli bis November.*
Bemerkungen: *Durch seine Farbe nicht zu verwechseln; in größeren Mengen tödlich giftig.*
Ähnlich der giftige Königsfliegenpilz (Amanita regalis) mit gelbbraunem, in der Mitte dunkelbraunem Hut und großen, weißlichen bis graubraunen Flocken. Kiefern- und Eichenwald.

eßbar

Feldchampignon

Wiesenchampignon
Agaricus campester

Hut: *6 bis 10 cm breit, kugelig bis flach, dick-fleischig, weiß, alt mit gelblicher bis bräunlicher Mitte, weißseidig glänzend, Oberhaut dick und abziehbar. Lamellen dichtstehend, rosarot bis schokoladebraun, zuletzt fast schwarz.*
Stiel: *Bis 8 cm hoch, weiß, blaß getönt, mit verjüngter Basis, nicht hohl, Ring weiß, abstehend, nach oben abziehbar.*
Fleisch: *Weiß bis rötlich, zartrosa anlaufend.*

Geruch: *Nach frisch gesägtem Holz.*
Geschmack: *Angenehm würzig.*
Standort und Vorkommen:
Auf gedüngten Wiesen und Weiden, Mai bis Oktober.
Bemerkungen: *Eßbar, guter Speisepilz.*
Verwechslungsmöglichkeiten:
Knollenblätterpilze, Riesenröhrling (alle giftig).

Perlhuhnchampignon

Agaricus praeclaresquamosus
(Psalliota meleagris)

Hut: *5 bis 10 cm breit, ausgebreitet, flach gebuckelt, auf weißlichem bis blaßrosa Grund mit dunkelbraunen, faserigen Schuppen besetzt. Lamellen weißlich, später rosafarben, zuletzt dunkelbraun bis schwärzlich.*

Stiel: *Bis 8 cm hoch, weiß, zylindrisch, am Grunde etwas knollig verdickt, an verletzten Stellen gelb anlaufend. Ring weiß, abstehend.*

Fleisch: *Weiß, gilbend.*

Geruch: *Nach Tinte oder faulendem Stroh.*

Standort und Vorkommen: *Unter Laubbäumen, an feuchten Stellen, Juni bis Oktober.*

Bemerkungen: *Ungenießbar. Ähnlich der giftige Karbolchampignon (Agaricus xanthoderma), der nach Karbol riecht.*

eßbar

Weißer Anisegerling

Schafchampignon
Agaricus arvensis

Hut: *10 bis 15 cm in Durchmesser, anfangs halbkugelig, dann gewölbt, weiß bis blaßgelblich, zuletzt ockerfuchsig, schuppig, glänzend, trocken, dickfleischig. Lamellen weiß bis blaßfleischfarben mit grauem Ton, bei älteren Pilzen dunkelbraun, fast schwarz, ziemlich breit, nicht am Stiel angewachsen, engstehend.*
Stiel: *Bis 15 cm hoch, weiß, unter dem Ring oft etwas flockig, voll, später hohl, unten oft knollig verdickt. Stielring zweischichtig, unten zahnradförmig aufgerissen.*

Fleisch: *Weiß mit gelblichem bis rötlichem Schimmer, im Stielgrund bisweilen fuchsig braun.*
Geruch: *Anisartig.*
Geschmack: *Angenehm würzig.*
Standort und Vorkommen: *Gedüngte Wiesen und Weiden, Gärten, Waldränder, Parkanlagen, Juni bis Oktober.*
Bemerkungen: *Eßbar, der beste Champignon.*
Verwechslungsmöglichkeiten: *Riesenrötling, Knollenblätterpilze (alle giftig!).*

eßbar

Kleiner Blutchampignon

Agaricus fusco-fibrillosus

Hut: *4 bis 9 cm im Durchmesser, dunkel haselnußbraun mit dunklerer Mitte, dem Rand zu eingewachsen-faserig, verhältnismäßig dünnfleischig. Lamellen rosa, zuletzt schokoladenbraun.*
Stiel: *Bis 8 cm hoch, walzenförmig, anfangs weiß, dann hellbraun, mit weißem, hängendem Ring, verletzte Stellen färben sich (wie auch am Hut und den Lamellen) rosarot und werden dann braun.*
Fleisch: *Weiß, an der Schnittfläche rot anlaufend.*
Geruch: *Mild.*
Geschmack: *Angenehm.*
Standort und Vorkommen: *Laubwälder, Sommer und Herbst.*
Verwechslungsmöglichkeit: *Waldchampignon (Agaricus silvaticus), eßbar, der Hut auf blaß ockerfarbenem Grund dicht mit zimtbraunen Faserschuppen bedeckt. Wächst in Fichtenwäldern in der Nadelstreu.*

eßbar

Parasol

Riesenschirmling
Macrolepiota procera

Hut: *10 bis 25 cm im Durchmesser, zuerst eiförmig, dann schirmförmig, gebuckelt, bräunlich braunschuppig. Lamellen weiß bis gelblichweiß, nicht am Stiel angewachsen, sehr engstehend, weich.*
Stiel: *Bis 30 cm hoch, mit kleinen braunen Schuppen bedeckt, mit verschiebbarem, doppelt gerandetem, fransigem Ring.*
Fleisch: *Im Hut weiß und zart, im Stiel faserig-holzig.*

Geruch: *Angenehm.*
Geschmack: *Nußartig.*
Standort und Vorkommen: *Nadelwald, selten Laubwald, Lichtungen, Waldränder, Sommer bis Herbst.*
Bemerkungen: *Hervorragender Speisepilz, nur der Hut ist verwendbar, besonders schmackhaft als Schnitzel. Alte Pilze sind zäh.*

eßbar

Schirmling

Rötender Schirmpilz
Macrolepiota rhacodes

Hut: 5 bis 15 cm im Durchmesser, halbkugelig, dann ausgebreitet, ohne Buckel, braun mit filzig-faserigen Schuppen. Lamellen weiß, nicht am Stiel angewachsen, oft mit rötlicher Schneide.

Stiel: 10 bis 15 cm hoch, am Grunde verdickt, anfangs weiß, bei Berührung rotbraun, Stielring beweglich.

Fleisch: Weiß, läuft sofort safranrot an, später bräunlich.

Geruch: Schwach, angenehm.

Geschmack: Nußartig.

Standort und Vorkommen: Waldlichtungen, Feldränder, auf Humusboden, Sommer bis Herbst.

Bemerkungen: Eßbar, nur der Hut ist verwendbar. Alte Pilze sind wenig schmackhaft.

eßbar

Fleischroter Speisetäubling

Russula vesca

Hut: *5 bis 10 cm breit, anfangs halbkugelig, später ausgebreitet, verbogen und vertieft, fleischrot, besonders in der Jugend, später dunkler rot, die Huthaut reicht meist nicht ganz bis zum Hutrand und ist nur bis zur Hälfte abziehbar (Merkmal!). Lamellen weiß, dünn und dichtstehend, an der Schneide rostig punktiert.*
Stiel: *Weiß, fest, voll, nach unten etwas zugespitzt.*

Fleisch: *Ziemlich dick und kernig fest.*
Geruch: *Schwach bis geruchlos.*
Geschmack: *Sehr angenehm, nußartig.*
Standort und Vorkommen:
In Wäldern auf trockenen Stellen, an Waldwegen, Sommer und Herbst.
Bemerkungen: *Hervorragender Speisepilz.*
Verwechslungsmöglichkeit:
Speitäubling (giftig).

giftig

Speitäubling

Russula emetica

Hut: *3 bis 10 cm breit, anfangs halbkugelig, später ausgebreitet, verbogen, kirschrot bis blutrot, dünn, Oberhaut abziehbar, trocken glänzend. Lamellen weiß, gleichlang, ziemlich engstehend, dünn, steif und leicht zerbrechlich.*
Stiel: *Weiß, oft rötlich angehaucht, später schwammig.*
Fleisch: *Dünn, weiß, anfangs fest, später zerbrechlich, unter der Oberhaut rötlich.*
Geruch: *Obstartig oder nach Kokosflocken.*
Geschmack: *Sehr scharf, brennend.*
Standort und Vorkommen: *Unter Nadelbäumen (vor allem unter Kiefern), auf Hochmooren zwischen Torfmoos, Juli bis November.*
Bemerkungen: *Giftig!*
Verwechslungsmöglichkeit: *Fleischroter Speisetäubling (eßbar).*

eßbar

Apfeltäubling

Russula paludosa

Hut: *Bis 15 cm im Durchmesser, derbfleischig wie ein rotbackiger Apfel, leuchtend rot bis purpurrot oder orange. Lamellen entferntstehend, blaß- bis buttergelb, ihre Schneiden oft rötlich.*

Stiel: *Bis 12 cm hoch, weiß, oft rötlich überhaucht, alt etwas grau.*

Fleisch: *Weiß, jung schärflich, später mild, unter der Oberhaut rötlich.*

Geruch: *Geruchlos.*

Geschmack: *Nur jung etwas scharf.*

Standort und Vorkommen:
In Nadelwäldern, zwischen Heidelbeeren, kalkmeidend, Juli bis September.

Bemerkungen: *Guter Speisepilz.*

eßbar

Heringstäubling

Russula erythropoda

Hut: *Bis 12 cm breit, glanzlos, flach ausgebreitet, dunkelrot mit dunklerer Mitte und hellerem Rand. Lamellen ockerfarben, zuletzt gelbbraun.*
Stiel: *Bis 8 cm hoch, wie der Hut gefärbt oder im oberen Teil heller, meist längsrunzlig, innen schwammig, bei Druck bräunlich anlaufend.*
Fleisch: *Weiß, bräunend.*
Geruch: *Zuerst schwach, später deutlich heringsartig (Hauptkennzeichen!).*
Geschmack: *Mild.*

Standort und Vorkommen:
In Nadelwäldern, meist unter Fichten und Kiefern, Herbst.
Bemerkungen: *Eßbar, aber nicht schmackhaft, der Geruch schwindet beim Kochen. Eng verwandte Arten: Buchen-Heringstäubling (Russula faginea) mit rötlichgelb oder rotbraun gefärbtem Hut, in Buchenwäldern auf Kalk. Russula barlae mit orange oder kupferfarbenem Hut, unter Eichen. Grüner Heringstäubling (Russula elaeodes) mit grünlichem oder olivgefärbtem Hut, unter Buchen, Eichen.*

eßbar

Frauentäubling

Russula cyanoxantha

Hut: *5 bis 14 cm im Durchmesser, violett und grün vermischt, oft ausgeblaßt, Oberhaut bei feuchtem Wetter glänzend, radialfaserig, Hutrand lange scharf nach unten eingebogen.*

Die reinweißen Lamellen sind weich, splittern also beim Darüberstreichen nicht wie bei allen anderen Täublingen.

Stiel: *5 bis 10 cm hoch, weiß, zylindrisch, bei älteren Exemplaren im Innern mit kammerförmigen Hohlräumen.*

Fleisch: *Weiß, fest.*

Geruch: *Geruchlos.*

Geschmack: *Mild.*

Standort und Vorkommen:

Laubwald, meist unter Buchen und Eichen, Sommer und Herbst.

Bemerkungen: *Guter Speisepilz, in jeder Zubereitung schmackhaft. Ähnlich der kleinere, ebenfalls eßbare Grauviolette Täubling (Russula grisea). Er hat cremefarbige Lamellen, und das Fleisch färbt sich an Fraßstellen rosa.*

eßbar

Grünfelderiger Täubling

Russula virescens

Hut: *6 bis 15 cm im Durchmesser, anfangs halbkugelig, bald niedergedrückt mit gebogenem Rand, vom Rande her mit aufreißender, unregelmäßig gefelderter Oberhaut, blaß spangrün oder blaugrün, stellenweise braungrünlich, ausgebleicht, trocken fest, am Rande höckerig gerieft. Lamellen weißlich, blaß cremefarbig, ziemlich entferntstehend.*

Stiel: *Bis 5 cm hoch, weiß und fest, an verletzten Stellen rostfarbig.*

Fleisch: *Weiß, fest.*

Geruch: *Kaum ausgeprägt.*

Geschmack: *Mild, nußartig, roh eßbar.*

Standort und Vorkommen:
Vor allem in Laubwäldern, auf sauren Böden, seltener unter Nadelbäumen.

Bemerkungen: *Ausgezeichneter Speisepilz.*

eßbar

Orangeroter Graustieltäubling

Russula decolorans

Hut: *5 bis 10 cm im Durchmesser, erst halbkugelig, dann ausgebreitet, orange- bis ziegelrot, vom Rande her dunkler werdend. Lamellen blaß, später buttergelb, bei alten Pilzen an der Schneide schwärzlich.*
Stiel: *5 bis 12 cm hoch, fast weiß, dann grau bis schwärzlich, besonders innen.*

Fleisch: *Weiß, zuletzt grau, im Stiel fast schwarzgrau.*
Geruch: *Geruchlos.*
Geschmack: *Mild.*
Standort und Vorkommen: *Nadelwälder, vor allem unter Kiefern, auf sauren Böden.*
Bemerkungen: *Guter Speisepilz.*

giftig

Stinktäubling

Russula foetens

Hut: *6 bis 15 cm im Durchmesser, jung kugelig mit scharfem, dem Stiel anliegendem Rand, später ausgebreitet, wellig-verbogen, am Rand höckerig-gerieft, senfgelb bis ockerfarben, feucht schmierig, trocken glänzend. Lamellen cremefarbig, entferntstehend.*

Stiel: *5 bis 8 cm hoch, zylindrisch bis bauchig, weiß, etwas bräunlich verfärbend, anfangs voll, später hohl.*

Fleisch: *Weißlich bis hellbräunlich.*

Geruch: *Süßlich, widerwärtig.*

Geschmack: *Scharf, bitter-kratzend, unangenehm.*

Standort und Vorkommen:
Laub- und Nadelwälder, gesellig, Juni bis Oktober.

eßbar

Ockertäubling

Zitronentäubling, Russula ochroleuca

Hut: *4 bis 8 cm breit, erst gewölbt, dann ausgebreitet, in der Mitte vertieft, lebhaft ockergelb, auch oliv überlaufen. Lamellen weiß.*

Stiel: *4 bis 7 cm hoch, weiß, gleichmäßig dick.*

Fleisch: *Weiß, fest, alt leicht grau, beim Vertrocknen gelblich.*

Geruch: *Schwach obstartig.*

Geschmack: *Etwas scharf (verliert sich beim Kochen).*

Standort und Vorkommen: *In Laub- und Nadelwäldern, auf sauren Böden, Massenpilz, Herbst.*

Bemerkungen: *Eßbar als Mischpilz.*

Verwechslungsmöglichkeit: *Gallentäubling (Russula fellea), ungenießbar. Dieser Pilz hat einen gelben Hut, gelbe Lamellen, einen gelben Stiel und scharfschmeckendes Fleisch, das nach Geranien riecht.*

bedingt eßbar

Rotstieliger Ledertäubling

Russula olivacea

Hut: *10 bis 20 cm breit, halbkugelig, dann ausgebreitet-polsterförmig, anfangs olivgrün, dann weinrot bis karminrot, der Rand gewöhnlich konzentrisch gerunzelt. Lamellen ledergelb bis ockerfarben, manchmal auch rosa oder rötlich.*
Stiel: *6 bis 10 cm hoch, im obersten Teil rosa, unten zugespitzt.*
Fleisch: *Anfangs weiß, dann gelblich und oft grünlich überhaucht.*
Geruch: *Schwach obstartig.*
Geschmack: *Mild, haselnußartig.*
Standort und Vorkommen: *Laub- und Nadelwälder, auf Kalk, gesellig, Juni bis September.*
Bemerkung: *Eßbar, ein guter Speisepilz, ergiebig, da dickfleischig.*
Verwechslungsmöglichkeit: *Der eßbare Braunrote Ledertäubling (Russula integra) mit mehr braun gefärbtem, schmierigem Hut und weißem Stiel.*

giftig

Zitronenblättriger Täubling

Russula drimeia (Russula sardonia)

Hut: *5 bis 10 cm breit, flach ausgebreitet, dickfleischig, trüb violettpurpur. Lamellen zitronengelb, schmal, oft stark tränend.*
Stiel: *4 bis 8 cm hoch, schlank, rötlichviolett bis blaurot, leicht geadert, mit Knall abbrechend.*
Fleisch: *Zitronengelblich, über Nacht safranrot anlaufend.*
Geruch: *Obstartig.*
Geschmack: *Anhaltend brennend scharf (keine Kostprobe!).*
Standort und Vorkommen: *Spätherbstpilz der Kiefernwälder, auf sauren Böden.*
Bemerkungen: *Ähnlich der ebenfalls scharfe Stachelbeertäubling (Russula queletii). Fichtenwald, riecht nach Stachelbeer- oder Apfelkompott.*

giftig

Zedernholztäubling

Russula badia

Hut: *6 bis 12 cm breit, dunkelrot bis braunrot, glänzend, am Rand kaum gerieft. Lamellen hellocker, gerieben nach Zedernholz riechend, mit rosagefärbten Schneiden.*
Stiel: *Bis 8 cm hoch, weiß, meist rosa gefleckt, sehr fest.*
Fleisch: *Weiß, ziemlich fest.*
Geruch: *Nach Zedernholz.*
Geschmack: *Vorsicht! Erst nach einigen Sekunden brennend scharf, anhaltend unerträglich. Der Schrecken der Pilzsucher.*
Standort und Vorkommen: *Sandiger Nadelwald, auf sauren Böden, vorwiegend im Gebirge.*
Bemerkungen: *Ähnlich der ebenfalls scharfe Zitronenblätterige Täubling.*

eßbar

Echter Reizker

Edelreizker
Lactarius deliciosus

Hut: *10 bis 20 cm breit, anfangs gewölbt, orangerot, im Alter grünlich, kreisförmig gezont, später trichterförmig vertieft. Oberhaut nicht abziehbar, bei feuchter Witterung schmierig, Hutrand in der Jugend stark eingerollt, später verflacht, kahl.*
Lamellen etwas am Stiel herablaufend, orangerot, starr, zerbrechlich, bei Druck oder Verletzung grünfleckig.
Stiel: *Bis 5 cm hoch, wie der Hut gefärbt, anfangs voll, später hohl.*
Fleisch: *Orange, ausbleichend, brüchig, beim Anschneiden tritt reichlich karottenroter Milchsaft aus.*
Geschmack und Geruch: *Mild.*
Standort und Vorkommen:
In lehmigen Nadelwäldern, in jungen Beständen, in feuchtem Gras, oft herdenweise, Juli bis Frostbeginn.
Bemerkungen: *Hervorragender Speisepilz, eignet sich besonders zum Braten oder kurz gekocht zu Salat.*
Auf Kalk der ähnliche, ebenfalls eßbare Blutreizker (Lactarius sanguifluus) mit blutroter Milch.

giftig

Birkenreizker

Lactarius torminosus

Hut: *5 bis 10 cm breit, fleischig, mit vertiefter Mitte, rosa fleischfarben, durch mehrere dunkle Bänder gezont, der anfangs eingerollte Rand hat lange, fransige Zotten. Lamellen weißlich oder weißrötlich, leicht herablaufend, bei Druck oder Verletzung unverändert.*

Stiel: *7 bis 8 cm hoch, etwas heller als der Hut, glatt, brüchig, hohl, oft grubig gefleckt.*

Fleisch: *Weißlich, am Rande rosa. Beim Anschneiden tritt eine weiße, scharf brennende Milch aus.*

Geruch: *Etwas terpentinartig.*

Geschmack: *Scharf brennend.*

Standort und Vorkommen: *Nur unter Birken, auf sandigem, trockenem Wald- oder Heideboden, Juli bis Frostbeginn.*

Bemerkungen: *Ähnlich der kleinere, ebenfalls sehr scharfe Blasse Birkenreizker (Lactarius pubescens), giftig, mit blaßrosa bis fleischfarbenem, ungezontem Hut. Er ist ebenfalls nicht eßbar und ein Birkenbegleiter.*

eßbar

Brätling

Lactarius volemus

Hut: *5 bis 15 cm breit, fleischig, orangegelb bis rotbraun, meist samtig, trocken, oft rissig. Lamellen dicht gedrängt gelblich, bei Druck rötlichbraun.*
Stiel: *Bis 6 cm hoch, wie der Hut gefärbt, nach unten zu etwas verjüngt, voll und fest.*
Fleisch: *Dick und fest, anfangs weiß, später gelblich, beim Zerbrechen reichlich weiße, klebrige Milch absondernd, die süßlich und mild schmeckt und an der Luft braun wird.*

Geruch: *Im Alter heringsartig.*
Geschmack: *Angenehm süß.*
Standort und Vorkommen:
In etwas feuchten Nadel- und Laubwäldern, Juli bis Oktober.
Bemerkungen: *Guter Speisepilz. Pilz nicht waschen, in Scheiben schneiden, sofort in heißem Fett braten, jede Seite 3 Minuten, dann erst salzen (wie gebratene Leber!). Auch roh eßbar.*

bedingt eßbar

Rotbrauner Milchling

Lactarius rufus

Hut: *5 bis 10 cm breit, ausgebreitet, in der Mitte mit einem charakteristischen niedrigen Buckel, Hutrand anfangs eingerollt, dunkelrotbraun, trocken, zerbrechlich. Lamellen gedrängt, anfangs gelblichweiß, später etwas dunkler, aber heller als der Hut.*

Stiel: *Bis 6 cm hoch, fleischrötlich, im Alter hohl.*

Fleisch: *Weißlich bis gelblichbraun, ziemlich dünn, beim Zerbrechen weiße, brennend scharfe Milch absondernd.*

Geruch: *Fast geruchlos, manchmal etwas harzig.*

Geschmack: *Brennend scharf.*

Vorkommen: *In lichten Nadelwäldern meist herdenweise, Juli bis September.*

Bemerkungen: *Ungenießbar. Erst nach richtiger Behandlung eßbar: Nach Zerkleinern über Nacht wässern, Wasser öfter abgießen, 20 Minuten kochen. Ähnlich, aber kleiner und kastanienbraun ist der Orangeblättrige Milchling (Lactarius badiosanguineus). Er hat eine weiße, bittere Milch und ist ungenießbar. Kleiner ist der eßbare Kampfermilchling (Lactarius camphoratus) mit einem Geruch nach Zichorie.*

Tannenreizker

Lactarius necator (Lactarius plumbeus, Lactarius turpis)

Hut: *5 bis 12 cm breit, derbfleischig, im Alter in der Mitte vertieft, mit gelbfilzigem, stark eingerolltem Rand, olivgrün bis olivschwärzlich. Lamellen schmutziggelblich, bei Druck olivbraun fleckend.*

Stiel: *Bis 6 cm hoch, heller als der Hut, oft grubig fleckig.*

Fleisch: *Weißlich, leicht bräunend, fest, mit sehr scharfem weißbleibendem Milchsaft.*

Geruch und Geschmack: *Harzig, scharf, verschwindet beim Kochen.*

Standort und Vorkommen: *Unter Fichten und Birken, auf sauren Böden.*

Bemerkungen: *Roh giftig; nach längerem Kochen genießbar, aber nicht zu empfehlen.*

bedingt eßbar

Pfeffermilchling

Lactarius piperatus

Hut: *6 bis 15 cm breit, gewölbt, später trichterartig vertieft mit eingerolltem Rand, kahl und glatt, weiß, bis gelblichweiß. Lamellen weiß später ockergelb, sehr dichtstehend, am Stiel herablaufend, zum Teil gegabelt, sehr schmal.*

Stiel: *3 bis 8 cm hoch, fest, derb, weiß, bis geblichweiß, zuweilen exzentrisch, nach unten verjüngt.*

Fleisch: *Weiß, brüchig, bei Druck oder Verletzung eine pfefferartig scharfe, weiße Milch absondernd, die sich beim Eintrocknen graugrün verfärbt.*

Geruch: *Angenehm.*

Geschmack: *Pfefferartig brennend.*

Standort und Vorkommen:
Laub- und Mischwald, Juni bis Oktober.

Bemerkungen: *Ungenießbar; eßbar erst nach richtiger Behandlung: Nicht waschen und kochen, sonst riecht er widerlich terpentinartig und wird lederhart. Pilze in Scheiben schneiden, mit Mehl bestreuen und mit Speck braten, bis sie knusprig sind; dann erst salzen.*

Verwechslungsmöglichkeit:
Wolliger Milchling (ungenießbar).

ungenießbar

Wolliger Milchling

Lactarius vellerus

Hut: *10 bis 25 cm Durchmesser, trichterförmig mit eingerolltem verbogenem Rand, kalkweiß bis ockergelblich, derb, filzig. Lamellen weiß, später schmutzig-ocker, im Gegensatz zum Pfeffermilchling weit auseinanderstehend.*
Stiel: *2 bis 6 cm hoch, 3 bis 5 cm dick, weiß, flaumig, fest.*

Fleisch: *Die beim Anschneiden ausfließende Milch bleibt weiß, das Fleisch gleicht dem des Pfeffermilchlings.*
Geruch: *Etwas erdig-modrig.*
Geschmack: *Unerträglich brennend, kann auf der Zunge Entzündungsbläschen hervorrufen.*
Standort und Vorkommen:
Laub- und seltener Nadelwald, Herbst.

giftig

Kahler Krempling

Paxillus involutus

Hut: *6 bis 15 cm im Durchmessser, flach gewölbt, später trichterförmig vertieft, Rand stark eingerollt, gekerbt, glatt, nach Regen glänzend, schleimig, rostbraun oder lederbraun. Lamellen bei Berührung braunfleckig, gelbbraun, am Stiel herablaufend, leicht ablösbar, im Grunde aderig verbunden.*

Stiel: *4 bis 6 cm hoch, voll, fest, kahl, wie die Oberhaut gefärbt, faserig, druckempfindlich, oft exzentrisch.*

Fleisch: *Gelbbraun, verfärbt sich bei Druck und beim Kochen dunkelbraun.*

Geruch: *Leicht säuerlich.*

Geschmack: *Mild.*

Standort und Vorkommen: *Laub- und Nadelwälder, Parkanlagen und Gärten, oft herdenweise, Juni bis November.*

Bemerkungen: *Galt früher als guter Speisepilz, muß aber als giftig angesehen werden. Besonders gefährlich ist der rohe Pilz.*

ungenießbar

Samtfußkrempling

Paxillus atrotomentosus

Hut: *8 bis 20 cm im Durchmesser. Anfangs fein filzig, später kahl, hellkaffeebraun bis dunkelbraun, Rand eingerollt und wellig. Lamellen gelblich, dichtstehend, herablaufend.*
Stiel: *4 bis 6 cm hoch, sehr dick, exzentrisch, dunkelschwarzbraun, mit braunschwarzem, samtartigem Filz.*
Fleisch: *Saftig.*
Geruch: *Etwas säuerlich.*
Geschmack: *Bitter, zusammenziehend, unangenehm dumpf.*
Standort und Vorkommen: *In Nadelwäldern, an morschen Baumstümpfen, besonders von Kiefern, Juli bis November.*
Bemerkungen: *Der junge Hut ist nach längerem Kochen eßbar, aber ohne Wert.*

eßbar

Mairitterling

Maipilz
Calocybe gambosa

Hut: *6 bis 10 cm im Durchmesser, gewölbt bis flach, dickfleischig, weißlich, in der Mitte schwach schmutzig-gelblich, glanzlos, kahl und glatt, in der Jugend mit eingerolltem Rand. Lamellen weißlich bis rahmfarbig, dichtstehend, am Stiel ausgebuchtet.*
Stiel: *4 bis 9 cm lang, ziemlich dick und fleischig.*
Fleisch: *Weiß.*
Geruch: *Nach frischem Mehl.*
Geschmack: *Angenehm.*
Standort und Vorkommen: *Laub- und Nadelwälder, Parkanlagen, Wiesen, oft in Hexenringen, Mai bis Juni.*
Bemerkungen: *Sehr guter Speisepilz.*
Verwechslungsmöglichkeit: *Ziegelroter Rißpilz (Inocybe patouillardii), sehr giftig!*

sehr giftig

Ziegelroter Rißpilz

Inocybe patouillardii

Hut: *3 bis 9 cm im Durchmesser, zuerst kegelförmig, dann breiter, in der Mitte jedoch immer mit deutlichem Buckel, weiß, später geblich, bei Verletzungen und im Alter rötlich anlaufend. Lamellen weiß, im Alter olivbräunlich, breit, am Stiel tief ausgebuchtet, Schneide weiß.*
Stiel: *Bis 6 cm hoch, zuerst weiß, dann zinnoberrötlich, besonders an Druckstellen, faserig, unten etwas gekrümmt, am Grunde knollig verdickt.*
Fleisch: *Weiß, im Hut schwach, im Stiel stärker rosa.*
Geruch: *Schwach obstartig, im Alter nach Tabak.*
Geschmack: *Mild bis schwach scharf, Kostprobe lebensgefährlich!*
Standort und Vorkommen: *Laubwälder, Parkanlagen, unter Buchen und Linden, Mai bis Herbst.*
Verwechslungsmöglichkeit: *Mairitterling. Im Jugendzustand sind beide Pilze schwer zu unterscheiden. Der Ziegelrote Rißpilz hat weit mehr Giftstoffe als der Fliegenpilz. (Magen sofort entleeren, Arzt holen!)*

Seifenritterling

Tricholoma saponaceum

Hut: *5 bis 10 cm im Durchmesser, anfangs glockig, später flach, mit welligem, dünnem Rand, meist hell braungrün oder grau, glatt, kahl, bei Trockenheit glänzend, oft felderartig zerrissen. Lamellen blaß bis grünlichgelb, entferntstehend, am Stiel ausgebuchtet.*
Stiel: *4 bis 8 cm hoch, blaß oder blaßrosa, an der Basis rötlich, kahl und faserig-feinschuppig, am Grunde spindelförmig.*
Fleisch: *Weiß, mit rötlichen Flecken, am Stielgrund rötlich.*
Geruch: *Nach Kernseife, wie früher in einer Waschküche.*
Geschmack: *Nicht schmackhaft.*
Standort und Vorkommen: *Nadel- und Laubwald, Sommer bis Spätherbst.*
Bemerkungen: *Schwach giftig, verursacht Magenbeschwerden.*

eßbar

Rötlicher Holzritterling

Tricholomopsis rutilans

Hut: *6 bis 15 cm im Durchmesser, glockig bis ausgebreitet, auf gelbem Grund mit vielen purpurrötlichen Schuppen. Lamellen gelb, gedrängt, dünn, abgerundet.*

Stiel: *6 bis 12 cm hoch, walzenförmig, wie der Hut gefärbt, im oberen Teil mit rötlichen Flocken.*

Fleisch: *Gelb.*

Geruch: *Dumpf, nach feuchtem Holz.*

Geschmack: *Mild bis etwas bitter.*

Standort und Vorkommen: *Büschelig, nur auf Nadelholzstrünken.*

Bemerkungen: *Jüngere Pilze als Mischpilze eßbar, sonst wenig schmackhaft.*

eßbar

Veilchenritterling

Lepista irina

Hut: *5 bis 12 cm im Durchmesser, erst glockig mit eingeschlagenem Rand, dann ausgebreitet und flach buckelig, fahl gelblichrötlich mit dunklerem Rand. Lamellen gedrängt, fahlgelb, abgerundet.*

Stiel: *5 bis 10 cm hoch, weißlich bis fahlgelb, braunfaserig, unten etwas knollig, darunter verjüngt, voll, fest.*

Fleisch: *Weißlich bis fahlgelb.*

Geruch: *Süßlich, aromatisch, nach Veilchenwurzel oder Kölnisch Wasser.*

Geschmack: *Mild.*

Standort und Vorkommen: *Wiesen, größere Obstgärten, lichte Wälder, gesellig, September bis November.*

Bemerkung: *Eßbar, wird aber nicht von jedem vertragen.*

schwach giftig

Schwefelritterling

Tricholoma sulphureum

Hut: *Bis 8 cm breit, erst gewölbt, dann abgeflacht-gebuckelt, schwefelgelb, in der Mitte etwas rötlich, trocken, kahl, dünnfleischig. Lamellen schwefelgelb, entferntstehend, abgerundet.*
Stiel: *3 bis 8 cm hoch, wie der Hut gefärbt, voll oder hohl, mit fuchsigen Fasern.*
Fleisch: *Schwefelgelb, in der Stielbasis bräunlich.*
Geruch: *Unangenehm nach Azetylen (Karbidgas).*
Geschmack: *Widerlich.*
Standort und Vorkommen: *Laubwälder, Parkanlagen, unter Eichen, Buchen oder Birken, auf kalkhaltigen Böden, September bis November.*
Bemerkungen: *Schwach giftig. Der Geruch unterscheidet ihn eindeutig von dem nach Mehl riechenden Grünling.*

eßbar

Riesenritterling

Tricholoma colossus

Hut: *15 bis 20 (bis 25) cm im Durchmesser gewölbt, glatt und etwas schmierig, auf ocker- bis fleischfarbenem Grund rotbraun gefärbt, zuletzt auch schwach weinrot, gefleckt. Lamellen fuchsigbraun, bei Verletzung rötlich.*
Stiel: *10 bis 15 cm hoch, etwas bauchig, unterhalb der etwas flockigen Ringzone braunrötlich, gefleckt.*

Fleisch: *Weiß, dann rosarot anlaufend, hart.*
Geruch: *Fast geruchlos.*
Geschmack: *Mild.*
Standort und Vorkommen: *Nadelwald, vorwiegend unter Kiefern, auf saurem Boden, September bis Oktober.*

eßbar

Violetter Rötelritterling

Lepista nuda

Hut: *6 bis 15 cm im Durchmesser, fast flach, jung am Rande eingerollt, anfangs schön violett, später braun verfärbend. Lamellen wie der Hut gefärbt, später bräunlich, dichtstehend.*
Stiel: *6 bis 10 cm hoch, lila oder lilagrau, am Grund etwas verdickt und filzig, fleischig, faserig gestreift.*
Fleisch: *Violett, später blasser.*
Geruch: *Wie gekochtes Rindfleisch.*
Geschmack: *Mild.*

Standort und Vorkommen: *Laubwald, Nadelwald, auch in Parks, Gärten, an Gebüschen und Wegrändern, oft in Hexenringen, Juni bis November.*
Bemerkungen: *Guter Speisepilz.*
Verwechslungsmöglichkeiten: *Blaßblauer Rötelritterling (Lepista glaucocana) mit blaßblauer, wie ausgewaschen wirkender Farbe und Geruch nach Menthol.*

eßbar

Lilastiel-Rötelritterling

Maskierter Rötelritterling
Lepista personata (Lepista saeva)

Hut: *5 bis 15 cm breit, flach gewölbt, am Rand anfangs eingerollt, blaßbräunlich (nicht violett). Lamellen blaßgrau bis blaßrosa, gedrängt, frei.*
Stiel: *Bis 5 cm hoch, kräftig lila bis rötlichviolett gestreift.*
Fleisch: *Weißlich, am Stiel grau.*
Geruch und Geschmack: *Angenehm.*
Standort und Vorkommen: *Auf feuchten Wiesen, in Gärten und Parkanlagen, an Waldrändern, unter Laubbäumen, in Reihen oder Hexenringen, Oktober bis November.*
Bemerkungen: *Ein ausgiebiger, guter Speisepilz. Häufig in Gesellschaft mit dem ebenfalls eßbaren Schmutzigen Rötelritterling (Lepista sordida). Dieser wächst büschelig, der Stiel ist wie der Hut gefärbt.*

eßbar

Nebelgrauer Trichterling

Graukappe
Clitocybe nebularis

Hut: *5 bis 20 cm breit, anfangs gewölbt, dann flach bis trichterförmig, Rand bei jungen Pilzen wellig verbogen, aschgrau, nebelgrau, bereift, dickfleischig. Lamellen weiß bis blaßgelblich, graublaß, sehr eng stehend, etwas herablaufend.*
Stiel: *Bis 10 cm hoch, unten verdickt, weiß bis blaßgrau, vollfleischig, an der Basis weißfilzig.*
Fleisch: *Jung weiß und fest, später weich.*
Geruch: *Süßlich, gebäckähnlich, im Alter unangenehm.*
Geschmack: *Mild.*

Standort und Vorkommen: *Laub- und Nadelwälder, Parkanlagen, Gebüsche, in Reihen oder Ringen auftretend. Spätherbst ab September, meist in großen Mengen.*
Bemerkungen: *Eßbar! Nur die Köpfe der jungen Pilze verwenden, lange kochen, Kochwasser fortschütten, nur als Mischpilz verwenden.*
Verwechslungsmöglichkeit: *Ähnlich der eßbare Buchsblätterige Trichterling (Clitocybe alexandri). Nur sorglose Pilzsammler verwechseln ihn mit dem giftigen Riesenrötling.*

giftig

Riesenrötling

Entoloma lividum (Entoloma sinuatum, Rhodophyllus sinuatus)

Hut: *6 bis 20 cm groß, jung mit eingebogenem Rand, dann gewölbt, Mitte dickfleischig, ledergelblich bis milchkaffeefarben mit eingewachsenen dunklen Fasern. Lamellen lange gelblichblaß, dann fleischrosa, etwas entfernt, ausgebuchtet.*
Stiel: *Bis 12 cm hoch, weißlich, am Grunde etwas knollig verdickt.*
Fleisch: *Weiß, im Stiel längsfaserig.*
Geruch: *Widerlich, schwach mehlartig.*
Geschmack: *Keine Kostprobe, giftig.*
Standort und Vorkommen: *Laubwald, besonders unter Eichen, auf lehmigem, kalkhaltigem Boden, August bis September.*
Bemerkungen: *Lebensgefährlich giftig.*
Verwechslungsmöglichkeit: *Weiße Champignons.*

eßbar

Zigeunerreifpilz

Rozites caperata

Hut: 8 bis 12 cm im Durchmesser, jung kugelig, später ausgebreitet, ockergelb bis blaß goldbraun, mit feinmehlig bereifter Mitte. Lamellen blaß bis ocker-bräunlich, mit gezähnelter Schneide.
Stiel: 10 cm hoch, weißlich, später gelblich, mit gerilltem, zerfetztem, schmalem Ring, über dem Ring bereift.
Fleisch: Weiß, unter der Huthaut ockerbräunlich.
Geruch und Geschmack: Fast geruchlos, schmeckt mild.
Standort: Laub- und Nadelwald, zwischen Heidelbeeren.
Bemerkungen: Guter Speisepilz.
Verwechslungsmöglichkeit: Ähnlich der Sägeblättrige Klumpfuß (Cortinarius multiformis). Eine Verwechslung ist ungefährlich, da der seltene Pilz nicht giftig ist.

schwach giftig

Lila Dickfuß

Cortinarius traganus

Hut: *5 bis 13 cm Durchmesser, fast kugelig, dann gewölbt, lila bis blaßviolett, mit zunehmendem Alter verlieren sich die violetten Farbtöne, zuletzt rostbraun, feinfaserig, seidenartig glänzend, rissig. Rand eingebogen, zuletzt eingerissen. Lamellen anfangs ockerfarben, dann zimtbraun.*

Stiel: *6 bis 10 cm hoch, keulig oder zwiebelförmig, jung violett, später verblassend.*

Fleisch: *Gelbbraun.*

Geruch: *Unangenehm nach Azetylen (Karbid).*

Geschmack: *Keine Kostprobe! Erregt Erbrechen.*

Standort und Vorkommen: *Laub- und Nadelwälder, auf sauren Böden, Juli bis Oktober.*

Bemerkungen: *Ungenießbar, schwach giftig.*

eßbar

Elfenbeinschneckling

Hygrophorus eburneus

Hut: *3 bis 7 cm im Durchmesser, anfangs halbkugelig, später ausgebreitet mit stumpfem Buckel, weiß bis elfenbeinfarben, feucht schleimig, trocken glänzend. Lamellen weiß bis schwach gelblich, entferntstehend, am Stiel herablaufend.*
Stiel: *Bis 10 cm hoch, oft gebogen, anfangs voll, im Alter hohl, schleimig-klebrig, im oberen Teil mit weißen Schüppchen besetzt.*
Fleisch: *Weiß.*
Geruch und Geschmack: *Angenehm.*
Standort und Vorkommen: *Laub- und Mischwälder, Waldwiesen, zwischen Laubstreu, gesellig, August bis Oktober.*
Bemerkungen: *Guter Speisepilz.*
Verwechslungsmöglichkeit: *Ähnlich der nicht schmackhafte Starkriechende Schneckling (Hygrophorus cossus) mit starkem Terpentingeruch.*

eßbar

Purpurschneckling

Hygrophorus russula

Hut: *10 bis 20 cm im Durchmesser, erst halbkugelig, dann ausgebreitet und unregelmäßig gebuckelt, auf blaßrosa Grund purpurrot gefleckt, dick fleischig. Lamellen sehr engstehend, breit, zartrosa, bald purpurrot gefleckt.*

Stiel: *6 bis 10 cm hoch, zylindrisch, wie der Hut gefärbt, im oberen Teil punktiert.*

Fleisch: *Blaß, mit weinroten Flecken.*

Geruch: *Angenehm, nach frischgeschnittenem Gras.*

Geschmack: *Bitter.*

Standort und Vorkommen:
Laubwald, unter Buchen und Hainbuchen, kalkliebend, August bis September.

eßbar

Wohlriechender Schneckling

Hygrophorus agathosmus

Hut: *4 bis 8 cm im Durchmesser, zuerst halbkugelig, dann flach und am Rande herabgebogen, grau bis braungrau, feucht schleimig, trocken klebrig. Die entferntstehenden Lamellen weißlich bis cremefarben, am Stiel herablaufend.*
Stiel: *5 bis 8 cm hoch, zylindrisch, weiß, trocken, voll und fest, im oberen Teil mit kleinen Flocken bedeckt.*

Fleisch: *Weißlich, in der Hutmitte dick, dem Rande zu dünner.*
Geruch: *Nach Bittermandeln.*
Geschmack: *Mild.*
Standort und Vorkommen:
In Nadelwäldern und auf Waldwiesen. Sommer bis Herbst.

eßbar

Echter Pfifferling

Eierschwamm
Cantharellus cibarius

Hut: *1 bis 10 cm breit, dickfleischig, dottergelb oder hellgelb, anfangs gewölbt, mit eingerolltem Rand, später ausgebreitet und in der Mitte vertieft, wellig und lappig. Lamellen leistenförmig dottergelb, wiederholt gabelig geteilt, durch Queradern verbunden und am Stiel weit herablaufend.*
Stiel: *3 bis 6 cm lang, dick, glatt und voll, allmählich in den Hut übergehend, festfleischig, unten verjüngt.*
Fleisch: *Fest, weißlich, gegen den Rand gelblich, selten madig.*
Geruch: *Angenehm nach Aprikosen.*
Geschmack: *Anfangs mild, dann pfefferartig.*
Standort und Vorkommen: *Laub- und Nadelwälder (oft unter jungen Buchen), häufig herdenweise, Juni bis Oktober.*
Bemerkungen: *Hervorragender Speisepilz, aber schwer verdaulich, nicht zu lange kochen, ordentlich zerkleinern, zum Trocknen nicht geeignet.*
Verwechslungsmöglichkeit: *Falscher Pfifferling, bedingt eßbar. Ähnlich die Buchenwaldform (Cantharellus cibarius var. pallidus), aber blasser, kräftiger und größer, der Hut bis 12 cm breit.*

bedingt eßbar

Falscher Pfifferling

Hygrophoropsis aurantiaca

Hut: *4 bis 8 cm im Durchmesser, dünnfleischig, weich und biegsam, orangerot, Hutrand anfangs eingerollt, später wellig verbogen. Lamellen wiederholt gabelig geteilt, ohne Queradern, am Stiel herablaufend, lebhaft orangerot.*
Stiel: *4 bis 8 cm hoch, dünn und biegsam, anfangs voll, später hohl, nicht selten etwas exzentrisch und gekrümmt, gelborange, nach unten hin oft dunkler.*
Fleisch: *Dünn, weich und schwammig, hellgelb.*

Geruch: *Geruchlos.*
Geschmack: *Mild, etwas süßlich.*
Standort und Vorkommen:
Nadelwald, seltener Laubwald, auf Nadelstreu, an Baumstümpfen, August bis November.
Bemerkungen: *Nicht giftig, aber schwer verdaulich, geeignet zu Pilzklopsen.*
Verwechslungsmöglichkeit:
Echter Pfifferling.

eßbar

Nelkenschwindling

Feldschwindling
Marasmius oreades

Hut: *2 bis 6 cm breit, jung gewölbt oder glockig, dann flach, meist etwas gebuckelt, ausgetrocknet zusammenschrumpfend (Schwindling), feucht wieder auflebend, trocken ockerblaß, feucht dunkler, durchscheinender, gefurchter Rand, dünnfleischig. Lamellen blaß, entferntstehend, frei.*
Stiel: *4 bis 7 cm hoch, dünn, heller als der Hut, am Grunde weißfilzig, sehr elastisch, zäh.*
Fleisch: *Blaß.*

Geruch: *Nach Gewürznelken.*
Geschmack: *Würzig, nußkernartig.*
Standort und Vorkommen: *Wiesen und Weiden, an Waldwegen, in Gärten, Mai bis Herbst.*
Bemerkungen: *Guter Speisepilz (für Suppen), läßt sich gut trocknen und ist dann als Würzpilz verwendbar (bei alten Pilzen sind die Stiele unbrauchbar).*
Verwechslungsmöglichkeit: *Am gleichen Standort kommen giftige oder giftverdächtige Trichterlinge vor.*

bedingt eßbar

Waldfreundrübling

Collybia dryophila

Hut: *2 bis 6 cm breit, glockig, bald flach ausgebreitet, braunfuchsig bis gelbbraun, später verblassend. Lamellen dichtstehend, blaßgelb bis weiß.*
Stiel: *3 bis 7 cm hoch, lebhaft braunrot, röhrig, glatt, zäh.*
Fleisch: *Sehr dünn, gelblich, wässerig.*
Geruch: *Angenehm, nach frischgesägtem Holz.*
Geschmack: *Mild.*
Standort und Vorkommen: *Laub- und Nadelwälder, Moore und Heiden, auf Laubstreu und Holzresten, Frühsommer bis Herbst.*
Bemerkungen: *Eßbar, aber für manchen unverträglich, Vorsicht geboten.*

sehr giftig

Grünblättriger Schwefelkopf

Hypholoma fasciculare (Nematoloma fasciculare)

Hut: *5 bis 7 cm im Durchmesser, anfangs halbkugelig, später ausgebreitet mit stumpfem Buckel, schwefelgelb, in der Mitte orangefuchsig. Lamellen zuerst schwefelgelb, später olivgrünlich bis olivbräunlich, dicht gedrängt.*

Stiel: *3 bis 6 cm hoch, schwefelgelb, später am Grunde rostbräunlich gefasert, oben mit ringähnlichen Schleierresten.*

Fleisch: *Gelb.*

Geruch: *Unangenehm.*

Geschmack: *Bitter.*

Standort und Vorkommen: *Sehr zahlreich und büschelig an alten Baumstümpfen und Wurzeln, Mai bis Spätherbst.*

Bemerkungen: *Sehr giftig, der bittere Geschmack bleibt auch beim Kochen.*

ungenießbar

Ziegelroter Schwefelkopf

Hypholoma sublateritium (Nematoloma sublateritium)

Hut: *5 bis 8 cm im Durchmesser, anfangs kugelartig, dann halbkugelig, in der Mitte ziegelrot, am Rande heller, jung durch einen gelblichweißen, gewebeartigen Schleier mit dem Stiel verbunden. Lamellen erst gelblich, später olivgrau bis bräunlich (nie grünlich!), gedrängt, ausgebuchtet, angewachsen, an der Schneide blaßflockig.*

Stiel: *6 bis 12 cm hoch, oben gelb, unten ziegelrot, meist gekrümmt, mit ringartig faserigen Schleierresten, die ziemlich hoch sitzen und schließlich schwarz werden.*

Fleisch: *Gelblich.*

Geruch und Geschmack: *Ohne Geruch, schwach bitter.*

Standort und Vorkommen: *In großen Büscheln an und neben morschen Stümpfen von Laubhölzern, August bis Dezember.*

Bemerkungen: *Früher hielt man diesen Pilz nach Abziehen der Haut und Abkochen (Kochwasser weggießen) als Mischpilz verwendbar, er ist jedoch giftverdächtig.*

eßbar

Rauchblättriger Schwefelkopf

Graublättriger Schwefelkopf
Hypholoma capnoides (Nematoloma capnoides)

Hut: *5 bis 8 cm im Durchmesser, anfangs kugelförmig, dann halbkugelig, honiggelb mit bräunlicher Mitte, Rand mit Schleierresten behangen. Lamellen meist graugelblich, später rauchgrau bis violettgrau (nie mit grünem Ton!).*
Stiel: *3 bis 5 cm hoch, hohl, wie der Hut gefärbt, an der Basis rostbräunlich, meist gekrümmt.*

Fleisch: *Gelblichweiß, an der Stielbasis rostbraun.*
Geruch und Geschmack: *Mild, an rohe Erbsen erinnernd.*
Standort und Vorkommen: *Büschelig, auf Fichtenstümpfen, Frühjahr bis Herbst.*
Bemerkungen: *Eßbar, guter Mischpilz.*

eßbar

Stockschwämmchen

Kuehneromyces mutabilis

Hut: *3 bis 8 cm Durchmesser, anfangs gewölbt, dann schirmförmig, gebuckelt, feucht zimtbraun, trocken honigockergelb, jeweils mit dunklerer Mitte und Randzone. Lamellen hellbraun, später rostbräunlich, dünn, dicht gedrängt.*
Stiel: *3 bis 6 cm hoch bis zum aufsteigenden Ring sparrig-schuppig, rostbraun.*
Fleisch: *Blaßbräunlich, am Stiel dunkler.*

Geruch: *Angenehm, nach frisch gesägtem Holz.*
Geschmack: *Mild.*
Standort und Vorkommen:
Auf Laubholzstümpfen in Büscheln, Mai bis November.
Bemerkungen: *Guter Suppenpilz, Stiele nicht verwendbar.*
Verwechslungsmöglichkeiten:
Gifthäubling (Galerina marginata) mit mehlartigem Geruch.

bedingt eßbar

Hallimasch

Armillaria mellea

Hut: *4 bis 8 cm breit, halbkugelig bis flach, honiggelb bis braun, in der Mitte etwas dunkler, mit gelbbraunen Schüppchen besetzt, der Rand im Alter etwas gestreift. Lamellen in der Jugend weißlich, später bräunlich und schließlich braunfleckig, am Stiel angewachsen, teilweise herablaufend, ziemlich weitstehend.*

Stiel: *5 bis 12 cm hoch, walzenförmig oder am Grunde etwas knollig verdickt, voll, faserig-zäh, manchmal längsstreifig oder schuppig, rötlichbraun, unten dunkler, oft gekrümmt mit weißlichfleckigem Ring.*

Fleisch: *Weißlichbräunlich.*

Geruch: *Pilzartig.*

Geschmack: *Nach längerem Kauen kratzend im Hals, zusammenziehend wie die Früchte der Schlehe.*

Standort und Vorkommen:
An Stümpfen von Laub- und Obstbäumen, aber auch an lebenden Bäumen und Wurzeln, in großen Mengen, September bis Frosteintritt.

Bemerkungen: *Kann roh oder überaltert Vergiftungen hervorrufen. Ohne Stiele nach Abkochen als Mischpilz eßbar (Kochwasser weggießen). Schwer verdaulich.*
Ähnlich der Ringlose Hallimasch (Armillaria tabescens), dessen Hut kleiner ist und bei dem der Ring fehlt.

ungenießbar

Sparriger Schüppling

Pholiota squarrosa

Hut: *7 bis 9 cm im Durchmesser, in der Jugend halbkugelig, später flach gewölbt, gelbbraun, mit dunkleren, sparrig abstehenden Schuppen bedeckt, Oberhaut trocken, nicht abziehbar, Stiel und Hut anfangs durch eine schuppige Haut verbunden, Lamellen dichtstehend, am Stiel angewachsen, anfangs gelblichgrün, später braun.*
Stiel: *6 bis 12 cm hoch, voll, zähfleischig, über dem Ring glatt und hellgelb, unterhalb des Ringes mit sparrigen Schuppen bedeckt, oft gekrümmt.*
Fleisch: *Blaßgelb, an der Stielbasis dunkler.*
Geruch: *Rettichartig.*
Geschmack: *Mild oder etwas bitter.*
Standort und Vorkommen:
An Baumstümpfen und an lebenden Laub- und Nadelbäumen, in dichten Büscheln. August bis Frosteintritt.
Verwechslungsmöglichkeit:
Hallimasch (bedingt eßbar).

eßbar

Semmelstoppelpilz

Hydnum repandum

Hut: *5 bis 12 cm breit, semmelgelb bis orange, glatt, fettig, unregelmäßig geformt, zerbrechlich, Stacheln und Stoppeln gelblich oder weißlich, weich, leicht zerbrechlich, ungleich lang, spitz, am stiel etwas herablaufend.*

Stiel: *5 bis 8 cm lang, blasser als der Hut, oft mit benachbarten Stielen verwachsen, oft exzentrisch.*

Fleisch: *Gelblich bis weißlich, im Hut weich, im Stiel brüchig.*

Geruch: *Angenehm.*

Geschmack: *Mild, im Alter etwas bitter.*

Standort und Vorkommen: *Laubwald, seltener Nadelwald, Juli bis Oktober, gesellig.*

Bemerkungen: *Eßbar, junge Pilze wohlschmeckend, alte bitter. Ähnlich die kleinere orangefuchsige Varietät rufescens, ebenfalls eßbar.*

eßbar

Habichtspilz

Sarcodon imbricatus

Hut: *6 bis 30 cm im Durchmesser, flach gewölbt bis trichterförmig, graubraun, mit schwarzbraunen, sparrigen, kreisförmig liegenden Schuppen, an ein Habichtsgefieder erinnernd. Stacheln hellbraun bis hellgrau, dicht, am Stiel herablaufend, sehr brüchig.*
Stiel: *3 bis 8 cm hoch, grau bis bräunlich, unregelmäßig dick, glatt, vollfleischig.*
Fleisch: *Weiß bis graubraun, fest, derb.*
Geruch: *Würzig.*
Geschmack: *Angenehm.*

Standort und Vorkommen:
Trockener Nadelwald, bildet Hexenringe, August bis November.
Bemerkungen: *Eßbar, aber nur junge Pilze verwenden. Für sauere Pilzgerichte, Suppen, zum Trocknen, Extrakt, Pulver.*
Verwechslungsmöglichkeit:
Sehr ähnlich ist der etwas kleinere, braunrötliche, ungenießbare, bittere Gallenstachling (Sarcodon scabrosus). Sein untrügliches Kennzeichen ist die Stielbasis, die außen (vor allem aber im Querschnitt) grünlich blaugrau gefärbt ist.

Orangegelber Korkstacheling

Hydnellum aurantiacum

Hut: 3 bis 7 cm im Durchmesser, kreiselförmig mit vertiefter Mitte und wellig gekerbtem Rand, lederig-zäh, auf der Oberfläche weißlich filzig, orangegelb bis orangebraun mit hellerem Rand, etwas konzentrisch gezont, jung dunkelrote Tropfen ausscheidend, die allmählich eintrocknen, auf der Unterseite dicht mit dünnen, am Stiel herablaufenden, anfangs weißlichen, später orangebraunen Stacheln besetzt.

Stiel: 3 bis 4 cm hoch, am Grunde etwas knollig verdickt, fein filzig.

Fleisch: Korkig-schwammig, zäh, trocken zerbrechend, im Hut weiß bis hellorange, dem Stiel zu bis orangebraun.

Geruch: Schwach, angenehm.

Standort und Vorkommen: In Nadelwäldern zwischen Nadelspreu, gewöhnlich in kleinen Gruppen, selten, Juni bis Oktober.

Bemerkungen: Wie die meisten Stachelinge ist dieser Pilz zäh und ungenießbar.

eßbar

Schafporling

Albatrellus ovinus (Polyporus ovinus)

Hut: *5 bis 12 cm breit, blaßgelb bis graugelb, trocken, glatt oder rissig gefeldert, oft wellig verbogen. Röhren anfangs weiß, später gelblich, ihre Mündungen sehr fein, am Stiel herablaufend.*

Stiel: *Bis 5 cm hoch, wie Hut gefärbt, glatt, fleischig, ziemlich brüchig.*

Fleisch: *Weiß, leicht gelblich anlaufend, fest, leicht zerbrechlich, Bruchfläche uneben und zackig.*

Geruch und Geschmack: *Pilzartig.*

Standort und Vorkommen:
Sandige Kiefernwälder, sonst selten, Juli bis Oktober.

Bemerkungen: *Eßbar, jung sehr schmackhaft. Bei älteren Pilzen die etwas bittere Oberhaut entfernen.*

Verwechslungsmöglichkeit:
Semmelporling (eßbar).

ungenießbar

Kiefernporling

Phaeolus schweinitzii

Fruchtkörper: *Bis 30 cm breit, gewöhnlich dachziegelartig übereinanderstehend, anfangs weich und mit leuchtendgelber bis safranfarbiger Oberfläche, später zäh und kastanienbraun. Röhren weit, an der Mündung gelboliv.*
Fleisch: *Gelblich bis rostbraun, schwammig-zäh.*

Geruch: *Säuerlich.*
Geschmack: *Mild.*
Standort und Vorkommen: *Nadelwald, am Grunde lebender Nadelbäume (erregt Braunfäule) sowie an Stümpfen und toten Stämmen, Mai bis November.*

bedingt eßbar

Schwefelporling

Laetiporus sulphureus

Hut: *10 bis 30 cm breit, vielgestaltig, meist sind die Fruchtkörper ziegelartig übereinander angeordnet, jung safran- bis ziegelrot, später orangedottergelb, im Alter schwefel- bis weißgelb. Die kurzen schwefelgelben Röhren sondern jung gelbliche Wassertröpfchen ab.*

Fleisch: *Das gelbliche, dicke Fleisch ist jung sehr zart, von reichlichem gelbem Saft durchsetzt.*

Geruch: *Stark aromatisch.*

Geschmack: *Säuerlich.*

Standort und Vorkommen: *An lebenden und toten Laubbäumen (seltener Nadelbäumen), Frühling bis Sommer.*

Bemerkungen: *Jung eßbar, aber ohne besonderen Wert, nach dem Abkochen (Wasser weggießen) fein wiegen und zu Pilzklopsen verarbeiten.*

bedingt eßbar

Schuppiger Porling

Polyporus squamosus

Hut: *10 bis 30 cm groß, ledergelb mit braunen, angedrückten Schuppen bedeckt, oft mehrere Hüte dachziegelartig übereinander angeordnet. Röhren gelblich blaß, Poren erst klein, später weitmaschig-eckig.*
Stiel: *4 bis 7 cm lang, dick, exzentrisch, an der Basis schwarz.*
Fleisch: *Weiß, fest, zäh, lederig, zuletzt holzig.*
Geruch: *Süßlich mehlartig.*
Geschmack: *Etwas herb.*
Standort und Vorkommen: *Wälder, Parkanlagen, an Laubholzstümpfen und Laubbäumen, Mai bis Oktober.*
Bemerkungen: *Jung eßbar, aber wenig schmackhaft.*

eßbar

Samtfußrübling

Flammulina velutipes

Hut: 3 bis 8 cm breit, erst gewölbt, später flach, schmierig, honiggelb, in der Mitte rostgelb, dünnfleischig. Lamellen gelblich, am Stiel angewachsen, breit, weit entferntstehend.
Stiel: 3 bis 6 cm hoch, im oberen Teil gelblich, gerieft, sonst braunschwarz, an der Basis verschmälert.
Fleisch: Blaßgelb.
Geruch: Schwach laugenartig.
Geschmack: Gekocht angenehm würzig.
Standort und Vorkommen: An abgestorbenen Laubbäumen, selten an Nadelbäumen oder auch an lebenden, aber geschädigten Bäumen, Herbst bis Frühjahr.
Bemerkungen: Guter Speisepilz, aber nur den Hut verwenden, liefert im Winter ein wohlschmeckendes Pilzgericht.

eßbar

Schopftintling

Coprinus comatus

Hut: *Hut bis 15 cm hoch, walzenförmig, später glockig mit abstehenden dichten Schuppen, weiß, am Scheitel ockergelb. Lamellen dünn, weiß, vom Rand aus rosafarbig bis bräunlichschwarz, tintenartig zerfließend.*
Stiel: *Bis 20 cm hoch, hohl, am Grunde etwas verdickt, schwach verjüngt, Ring beweglich und vergänglich.*
Fleisch: *Weiß, zart.*
Geruch: *Würzig.*
Geschmack: *Mild.*
Standort und Vorkommen: *Gesellig auf gedüngtem Boden, in Gärten und Feldern, an Wegrändern, auf Schuttplätzen, Juli bis November.*
Bemerkungen: *Guter Speisepilz, solange die Blätter weiß sind; Reinigen und Entfernung der Schuppen, ohne zu waschen, fein schneiden und in Butter und Zwiebeln schmoren. Schmeckt wie Spargelgemüse, daher „Spargelpilz" genannt.*

ungenießbar

Faltentintling

Coprinus atramentarius

Hut: *Bis 8 cm hoch, zuerst eiförmig, dann glockig, gefurcht, grau, Scheitel bräunlich geschuppt, Rand im Alter stark zerschlitzt. Lamellen dichtstehend, weißgrau, schließlich in tintenartige Flüssigkeit zerfließend.*
Stiel: *Bis 15 cm hoch, hohl, weißfaserig.*
Fleisch: *Weiß, mild.*
Geruch: *Schwach, angenehm.*
Geschmack: *Mild.*
Standort und Vorkommen:
Büschelig auf fettem Boden, auf Wiesen, in Gärten, bei Stümpfen von Obstbäumen, an Wegrändern.

Bemerkungen: *Vor dem Genuß muß gewarnt werden, denn während und nach Gerichten mit Faltentintlingen dürfen keine alkoholischen Getränke genossen werden, da sonst Vergiftungen eintreten können: Herzklopfen, Rötung der Gesichtshaut und ähnliches.*
Verwechslungsmöglichkeit:
Ähnlich der Glimmertintling (Coprinus micaceus), der mit Alkohol zusammen giftig ist. Er ist etwas kleiner, jung mit glimmerigen Körnchen auf dem Hut. Im Alter wie der Faltentintling, dessen Standort er teilt.

eßbar

Gelbe Koralle

Gelber Ziegenbart
Ramaria flava (Clavaria flava)

Fruchtkörper: *8 bis 15 cm hoch, ästig verzweigt, schwefelgelb bis zitronengelb, Endästchen gleichfarbig, zweiteilig. Strunk an Druckstellen mit roten Flecken.*
Fleisch: *Weiß, weich in den Ästen und Spitzen, wäßrig.*
Geruch: *Würzig.*
Geschmack: *Würzig, bei älteren Pilzen oft bitter.*
Standort und Vorkommen: *Laubwald (unter Buchen), seltener im Nadelwald, an Waldrändern, Juli bis Oktober.*
Bemerkungen: *Junge Pilze eßbar, bei älteren Spitzen entfernen, da sie einen Bitterstoff enthalten.*
Verwechslungsmöglichkeit: *Ähnlich die giftige Blasse Koralle (Bauchwehkoralle) Ramaria pallida. Fruchtkörper blaß, graugelblich, milchkaffeefarbig, Fleisch riecht seifenartig, in Laubwäldern, besonders auf Kalk, August bis September.*

eßbar

Goldgelbe Koralle

Goldgelber Ziegenbart
Ramaria aurea (Clavaria aurea)

Fruchtkörper: *8 bis 12 cm breit, dicht verzweigt, jung leuchtend goldgelb, später ockergelb, Endästchen drei- bis vierteilig.*
Fleisch: *Weiß, leicht zerbrechlich, zart, wäßrig.*
Geruch: *Würzig säuerlich.*
Geschmack: *Mild, bei alten Pilzen bitter.*
Standort und Vorkommen: *Laubwald, vorwiegend unter Buchen, Juli bis Oktober.*

Bemerkungen: *Junge Pilze eßbar, nur bei älteren Pilzen die bitteren. Spitzen entfernen.*
Verwechslungsmöglichkeit: *Ähnlich die giftige Dreifarbige Koralle (Ramaria formosa). Die orangefarbenen Zweige enden in zitronengelben Spitzen, der Strunk ist weiß (Dreifarbige Koralle!).*

bedingt eßbar

Herkuleskeule

Clavariadelphus pistillaris

Fruchtkörper: *8 bis 20 cm hoch, 1 bis 2 cm dick, mit der Form einer senkrecht im Wald stehenden Keule, erst glatt, später längsrunzelig, ockergelblich bis rotbräunlich.*
Fleisch: *Weiß und weich.*
Geruch und Geschmack: *Angenehm riechend, aber bitter schmeckend.*
Standort und Vorkommen: *Gesellig unter Buchen, besonders auf Kalk, Juli bis November.*

Bemerkungen: *Junge Pilze sind ohne Gefahr eßbar, aber ältere ungenießbar.*
Verwechslungsmöglichkeiten: *Ähnlich, aber kleiner und schlanker, im Nadelwald die Zungenkeule (Clavariadelphus ligula). Ferner auch im Nadelwald die Abgestutzte Keule (Clavariadelphus truncatus), oben abgeplattet.*

eßbar

Totentrompete

Craterellus cornucopioides

Fruchtkörper: *6 bis 12 cm hoch, trompetenförmig bis trichterförmig mit wellig verbogenem Rand, bis zum Grund hohl; innen feinschuppig braunschwarz bis schwarz, außen anfangs glatt, dann schwach runzelig, aschgrau, zuletzt durch Sporen weiß bereift.*
Geruch: *Pflaumenartig.*
Geschmack: *Mild.*
Standort und Vorkommen: *Truppweise in Laubwäldern unter Buchen, im Herbst, besonders zur Zeit der Totengedenktage, daher der Name.*
Bemerkungen: *Wohlschmeckender Speisepilz (Mischpilz), geeignet zum Trocknen.*
Verwechslungsmöglichkeit: *Eine Verwechslung mit dem sehr ähnlichen Grauen Leistling (Cantharellus cinerius) ist ungefährlich, da auch dieser eßbar ist.*

Flaschenstäubling

Lycoperdon perlatum

Fruchtkörper: *2 bis 4 cm groß, verkehrt flaschenförmig, oberer Teil kugelig, unterer walzlich, mit zerbrechlichen, abwischbaren Stacheln besetzt, anfangs weißlich, dann gelblich, bei der Reife graubräunlich.*

Fleisch: *Jung weiß, dann gelbgrünlich bis olivbraun, zuletzt staubartig, auf Druck rauchartig aus der Scheitelöffnung entweichend.*

Geruch: *Streng jodartig.*

Geschmack: *Mild.*

Standort und Vorkommen: *In Laub- und Mischwäldern und auf Heiden, Juli bis November.*

Bemerkungen: *Jung eßbar, solange das Fleisch weiß ist, gut durchkochen, dann verschwindet der strenge Geruch.*

bedingt eßbar

Birnenstäubling

Lycoperdon pyriforme

Fruchtkörper: *3 bis 5 cm groß, büschelig wachsend, mehr oder weniger birnenförmig, erst weiß, dann ockerfarben bis braun, mit körnig-warziger Außenhaut.*
Fleisch: *Jung weiß, dann gelbgrün, olivbraun, zuletzt staubartig.*
Geruch: *Stark jodartig.*

Geschmack: *Mild.*
Standort und Vorkommen: *Auf alten Baumstümpfen von Laub- und Nadelbäumen, meist büschelig, August bis November.*
Bemerkungen: *Jung eßbar, solange das Fleisch weiß ist. Der Geruch verschwindet nach längerem Kochen.*

giftig

Dickschaliger Kartoffelbovist

Scleroderma citrinum (Scleroderma aurantium)

Fruchtkörper: 3 bis 15 cm groß, kugelig bis flachknollig, hell- bis dunkelbraun, warzig gefeldert.
Fleisch: Beim jungen Pilz weiß, beim reifen Pilz schwarz bis dunkelviolett.
Geruch: Stechend scharf, nach Rettich oder Knoblauch.
Standort und Vorkommen: Wälder, Waldränder, Grasland, zwischen Moos, auf sandigen, sauren Böden, August bis November.
Bemerkungen: Giftig. Ähnlich der ebenfalls giftige Dünnschalige Kartoffelbovist (Scleroderma verrucosum). Auf dem Kartoffelbovist schmarotzt der Schmarotzerröhrling (Xerocomus parasiticus).
Wegen seiner Seltenheit schonen!

eßbar

Schwärzender Bovist

Bovista nigrescens

Fruchtkörper: *Walnuß- bis hühnereigroß, kugelig, die weiße Hüllhaut löst sich bei der Reife in Fetzen ab, die papierdünne, glänzende Innenhülle ist rotbraun bis schwarzbraun, sie öffnet sich im Scheitel mit einem ziemlich großen, gezähnten Loch.*
Fleisch: *Jung schneeweiß.*
Geruch: *Schwach jodartig.*
Geschmack: *Mild.*
Standort und Vorkommen: *Auf Weiden und Wiesen, Dünen und Brachland, gesellig, Juni bis Oktober.*
Bemerkungen: *Jung, solange das Fleisch weiß ist, eßbar und wohlschmeckend.*
Verwechslungsmöglichkeit: *Ähnlich der kleinere, eßbare Bleigraue Bovist (Bovista plumbea).*

giftig

Frühjahrslorchel

Gyromitra esculenta

Hut: *5 bis 10 cm breit, rotbraun, später kaffeebraun, alt mit schwarzen Flecken, hirnartig gewunden, hohl, Rand mit dem Stiel verwachsen.*
Stiel: *Etwa 4 cm hoch, weißlich und faltig, gekammert, hohl.*
Fleisch: *Wachsartig dünn, zerbrechlich.*
Geruch: *Angenehm, aromatisch.*
Geschmack: *Geschmacksprobe gefährlich!*
Standort und Vorkommen: *Sandige, kalkarme Nadelwälder, um Baumstümpfe, auf Holzabfällen, Mai bis Juni.*
Bemerkungen: *Früher galt der Pilz nach folgender Behandlung als eßbar: 20 Minuten abkochen, Kochwasser wegschütten, die Pilze auf einem Sieb überbrausen. Trotz dieser Behandlung sind in den letzten Jahren Vergiftungen vorgekommen. Wer sicher gehen will, meide die Lorcheln.*

bedingt eßbar

Herbstlorchel

Helvella crispa

Hut: *3 bis 6 cm groß, weißlich bis gelblichbraun, unregelmäßig gelappt und gefaltet.*
Stiel: *6 bis 12 cm hoch, weißlich, längsrippig und furchig, knorpelig, bauchig, innen kammerig hohl.*
Fleisch: *Weißlich, brüchig.*
Geruch: *Angenehm.*
Geschmack: *Nußartig mild.*
Standort und Vorkommen: *In feuchten Laub- und Mischwäldern und im Gebüsch, meist zwischen Gras und Laub, August bis Oktober.*
Bemerkungen: *Abgebrüht eßbar, aber schwer verdaulich, vom Verzehr ist abzuraten.*

eßbar

Spitzmorchel

Morchella conica

Fruchtkörper: *3 bis 8 cm hoch, oval oder kegelförmig, mit erhöhten Längsrippen und Querrippe und tiefer liegenden wabenartigen Gruben. Die anfangs grauen Längsrippen färben sich später dunkler. Der Fruchtkörper ist hohl, zerbrechlich und am Stiel angewachsen.*

Stiel: *Kürzer als der Hut, weißlich, zerbrechlich, glatt.*

Geruch: *Angenehm würzig.*

Geschmack: *Mild.*

Standort und Vorkommen:
In lichten Auenwäldern, Fichtenwäldern und Gebüschen, an Waldrändern, in Parkanlagen und Gärten, April bis Mai.

Bemerkungen: *Wohlschmeckender Speisepilz; zum Trocknen geeignet.*

Verwechslungen: *Sehr ähnlich ist die ebenfalls eßbare Hohe Morchel (Morchella elata), bei der die Hutrippen wabenartig und leiterförmig angeordnet sind und der Hut honigbraun bis dunkelbraun gefärbt ist.*

eßbar

Graubraune Speisemorchel

Morchella esculenta

Fruchtkörper: *4 bis 8 cm hoch, graubraun bis dunkelockerfarben, rundlich bis eiförmig mit unregelmäßigen, tiefen, wabenartigen Gruben und weißlichen Rippen.*
Stiel: *4 bis 6 cm hoch, hohl, kleieartig überstäubt, weiß mit etwas verdickter Basis.*
Fleisch: *Sehr zerbrechlich, wachsartig, weißlichgrau.*

Geruch: *Angenehm würzig.*
Geschmack: *Mild.*
Standort und Vorkommen: *Auenwälder, Parkanlagen, Waldränder, Gebüsch und Wiesen, April bis Ende Mai.*
Bemerkungen: *Hochwertiger Speisepilz, auch zum Trocknen geeignet.*

ungenießbar

Stinkmorchel

Phallus impudicus

Fruchtkörper: *Anfangs als »Hexenei« unterirdisch, weißlich, hühnereigroß, weich, elastisch.*
Hut: *3 bis 4 cm groß, glockig, fingerhutförmig, mit dem Stiel verwachsen und durchlöchert, mit einer aasartig stinkenden, olivgrünen Sporenmasse bedeckt. Nachdem der Schleim abgetropft ist, erscheint der Fruchtkörper weißlich, wabenartig gekammert und sieht dadurch morchelähnlich (Name) aus.*

Stiel: *10 bis 20 cm hoch, nach oben verjüngt, löcherig, zellig, hohl, weiß, am Grunde von der lappigen Eihülle umgeben.*
Standort und Vorkommen: *In Laub- und Fichtenwäldern, Parkanlagen, Gebüsch, Juli bis Oktober.*
Bemerkungen: *Als Hexenei eßbar, aber nicht zu empfehlen. Durch den starken Geruch werden die Aasfliegen angelockt, die zur Verbreitung der Sporen beitragen.*

giftig

Kronenbecherling

Sarcosphaera crassa (Sarcospaera eximia, Sarcosphaera coronaria)

Fruchtkörper: *5 bis 15 cm breit, anfangs eine in den Boden eingesenkte, hohle, weiße Kugel, später sternförmig aufbrechend und schüsselförmig, außen weiß bis blaß ockergelb, innen lebhaft violett, aber bald verblassend.*

Fleisch: *Brüchig, weiß.*

Geruch: *Geruchlos.*

Geschmack: *Kostprobe lebensgefährlich!*

Standort und Vorkommen:
Laub- und Nadelwälder, Parkanlagen, an Wegen, besonders auf Kalkboden, gesellig, April bis Juli.

Bemerkungen: *Giftig, besonders roh, auch nach dem Abkochen sind schon Vergiftungen vorgekommen. Den Pilz wegen seiner Seltenheit stehenlassen.*

ungenießbar

Gewimperter Erdstern

Geastrum sessile (Geastrum fimbriatum)

Fruchtkörper: *Entwickelt sich aus einer unterirdischen Knolle. Ihre äußere Hülle spaltet sich in 6 bis 8 ungleichmäßige, zugespitzte Lappen, die sich später bei trockener Luft abwärtsrollen. Auf diese Weise wird der innere Fruchtkörper emporgehoben, und die austretenden Sporen werden vom Wind fortgetragen.*

Standort und Vorkommen: *Auf sandigen Böden in Nadel- und Mischwäldern, in der Nadelstreu, auf kalkhaltigem Boden, vom Sommer bis Herbst. Wirtschaftlich wertlos; aber unbedingt schonen.*

Bemerkung: *Diese Verwandten der Boviste zeichnen sich durch besondere Schönheit aus.*

Pilzverwertung

Die eingebrachte Pilzernte muß zu Hause so schnell wie möglich zubereitet werden, denn es ist beinahe unglaublich, was eventuell darin enthaltene Maden selbst in einer einzigen Nacht an Zerstörung vollbringen können. Insbesondere Röhrlinge, Ritterlinge und Täublinge sind dieser Gefahr ausgesetzt. Darum ist es immer am besten, die Pilze sofort in Stücke zu zerschneiden und die wurmstichigen Teile zu entfernen.

Nährwert von Pilzen

Was den Nährwert von Pilzen betrifft, sind die Meinungen geteilt. Frische Pilze haben einen hohen Wasser-, jedoch einen geringen Fettgehalt, dagegen sind sie reich an Eiweißstoffen und Kohlehydraten. Eine Pilzmahlzeit von 300 Gramm Frischpilzen liefert etwa 5 bis 10 Gramm Eiweiß und damit etwa ein Sechstel des Eiweißtagesbedarfs. Sie deckt außerdem rund ein Fünftel des Bedarfs an Vitamin B1, B2 und C. Einige Pilze enthalten auch beträchtliche Mengen an anderen Vitaminen.

Pilze sind somit hochwertige Nahrungsmittel. Früher sprach man sogar vom „Fleisch des Waldes". Ein Kilogramm Pilze hat den Eiweißwert von rund 300 Gramm Fleisch oder Wurst bzw. denselben Eiweißwert wie ein Liter Milch. Die Mineralwerte, insbesondere der Eisengehalt, sind bei schonender Zubereitung ebenfalls beträchtlich.

Der hohe Eiweißgehalt der Pilze läßt es nicht ratsam erscheinen, große Mengen von Pilzen und Fleisch gleichzeitig zu genießen. Will man sie dennoch zusammen auf den Tisch bringen, so verwendet man die Pilze am besten in kleinen Mengen, pikant zubereitet, als Fleisch- oder Saucenwürze.

Der Nährwert wird sicher auch durch die Art der Zubereitung beeinflußt. So muß die Mehrzahl der Pilze vor der endgültigen Zubereitung kurz vorgekocht werden. Feinschmecker vertreten sogar die Auffassung, daß dies bei allen Arten nötig ist. Ohne Ausnahme muß der Grundsatz gelten, alle frischen Pilze, ohne Rücksicht auf die Zubereitungsart, einem Kochprozeß zu unterziehen. Dies bezieht sich auch auf die Zubereitung von Pilzsalaten.

Aufgrund der allgemeinen Bodenbelastung mit Schwermetallen wie Kadmium, Quecksilber und Blei, die sich in den Pilzen ablagern können, sollte man vorsichtshalber der Empfehlung des Bundesgesundheitsamtes folgen und maximal zwei Pilzmahlzeiten pro Woche zu sich nehmen.

Pilze einfrieren

Das Einfrieren ist die einfachste Art der Pilzkonservierung. Man verwendet dafür junge, feste Pilze wie Steinpilze, die madenfrei sein müssen. Nun gibt es verschiedene Möglichkeiten. Einmal kann man die Pilze putzen, in gleichmäßige Stücke schneiden (nicht waschen!) und in Gefrierbeutel füllen.

Eine zweite Möglichkeit ist, die Pilze vor dem Einfrieren zu schmoren. Dazu putzt und wäscht man sie, schneidet sie in Stücke und läßt sie in der Pfanne mit heißem Fett etwa 15 Minuten unter häufigem Wenden schmoren. Dann läßt man die Schmorpilze abkühlen und füllt sie in Gefrierbeutel oder -dosen.

Auch Pilzmus läßt sich hervorragend einfrieren. Dazu werden die vorbereiteten Pilze im Mixer fein püriert und gesalzen. In einer Pfanne erhitzt man das Mus unter ständigem Rühren so lange, bis ein dicker Brei entstanden ist. Den Brei kann man nun in einen Eiswürfelbehälter streichen und einfrieren. So hat man jederzeit Würfel von Pilzmus bereit, womit man Suppen und Saucen herstellen oder das man für Füllungen verwenden kann.

Pilze trocknen

Trocknen ist die einfachste, schnellste und billigste Methode der Pilzkonservierung. Man schneidet die gereinigten, ungewaschenen Pilze (schleimige Pilze sind nicht geeignet) in dünne Scheiben.

Die feingeschnittenen Pilze werden auf großen, engmaschigen Fliegengittern zum Trocknen ausgebreitet. Ein dünnes, sauberes Leinentuch wir über das Metall gelegt, damit die Pilze mit ihm nicht in direkte Berührung kommen.

Das Trocknen erfolgt am besten in der prallen Sonne bei leichtem Wind oder im Trocken- bzw. Backofen. Je schneller das Trocknen vonstatten geht, desto besser werden die Pilze. Auf gar keinen Fall darf sich der Trockenprozeß über mehrere Tage hinziehen, wie das beispielsweise der Fall ist, wenn die Pilze auf dem Speicher ausgebreitet werden. Getrocknete Pilze dürfen nicht in offenen Tüten, Körben, Säcken und sonstigen Behältnissen aufbewahrt werden, die der Luft freien Zugang lassen. Sofort nach Beendigung des Trockenprozesses müssen sie in Behälter wie etwa Weckgläser, Blechdosen usw. gefüllt werden, die absolut luftdicht zu verschließen sind. In dieser Verpackung sind die Pilze jahrelang haltbar.

Der Verwendung der getrockneten Pilze muß eine mindestens eineinhalbstündige Wässerung vorausgehen. Wasser weggießen, dann kurz aufkochen, Zubereitung für Pilzmahlzeiten nach Geschmack. Wenn man die getrockneten Pilze fein zermahlt, bekommt man Pilzpulver, das als Würzmittel Verwendung findet.

Pilze einwecken

Zum Einwecken sind nur wenige Pilze wirklich geeignet. Dabei ist zu beachten, daß nur jüngere, feste, kernige Pilze verwendet werden (Steinpilz, Rotkappe, Marone, Reifpilz usw.). Die Pilze werden je nach ihrer späteren Verwendung halbiert, geviertelt oder in Scheiben geschnitten, gewaschen und in kochendes Wasser gelegt, nach Schaumbildung abgeseiht. Danach werden die noch warmen Pilze in vorgewärmte Weckgläser gefüllt, eine abgekochte, leichte Salzlösung darübergegossen, bis zwei Finger breit unter dem Weckglasrand. Die Gläser werden mit einem sauberen, trockenen Gummiring geschlossen und im Wasserbad bei 98 bis 100 Grad 90 Minuten lang sterilisiert. Nach zwei Tagen noch einmal 60 Minuten wieder bei 98 bis 100 Grad.

Sämtliche Würzstoffe und Salz gibt man erst dann zu, wenn man die Pilze weiterverarbeitet.

Teil 2 Rezepte

Vorspeise

Pilztuttifrutti

Zutaten für 2 Portionen
250 g Pilze
1 Eßlöffel Öl
1 Teelöffel frischgehackte Petersilie
Salz
Pfeffer aus der Mühle
1 Zitrone
einige Blätter Kopfsalat

Zubereitung

1. *Die Pilze sauber putzen, waschen, abtropfen lassen und in Stücke schneiden.*

2. *Die Pilzstücke 10 bis 15 Minuten in dem zuvor erhitzten Öl dünsten.*

3. *Mit Petersilie, Salz, Pfeffer und einigen Spritzern Zitronensaft abschmecken.*

4. *Dessertgläser mit gewaschenen, gut abgetropften Salatblättern auslegen und die Pilzmasse hineinfüllen.*

5. *Das Pilztuttifrutti mit Zitronenscheiben garniert servieren.*

Pfifferlinge „Ostpreußen"

Zutaten für 2 Portionen
250 g Pfifferlinge
1 Zwiebel
60 g Räucherspeck
Salz
Pfeffer aus der Mühle
Petersilie

Zubereitung

1. *Pfifferlinge sauber putzen, waschen und abtropfen lassen.*

2. *Die Zwiebel schälen und fein würfeln.*

3. *Den Räucherspeck in Würfel schneiden und anbraten.*

4. *Zunächst die gewürfelte Zwiebel, dann die Pilze zum Speck geben und so lange im eigenen Saft dünsten lassen, bis die Flüssigkeit verdunstet ist.*

5. *Mit Salz und Pfeffer würzen und mit Petersilie bestreut servieren.*

Pfifferlingsbrot

Zutaten für 2 Portionen

150 g Pfifferlinge
60 g roher Schinken
1 bis 2 Tomaten
2 Scheiben Weißbrot
20 g Butter
1 bis 2 Teelöffel Mehl
6 Eßlöffel Milch
1 Eigelb
2 Eßlöffel Paprikastreifen aus dem Glas
Salz
Pfeffer aus der Mühle
4 Scheiben Käse
Petersilie

Zubereitung

1. Die Pfifferlinge sauber putzen, waschen und abtropfen lassen.

2. Den Schinken würfeln.

3. Die Tomaten waschen und in Scheiben schneiden.

4. Das Weißbrot mit etwas Butter bestreichen, dann die übrige Butter erhitzen.

5. Das Mehl einrühren und mit der Milch ablöschen, dann mit dem Eigelb legieren.

6. Den Schinken, die Tomaten, die Paprikastreifen und die Pfifferlinge in der Sauce erhitzen und mit Salz und Pfeffer abschmecken.

7. Die Pilzmischung auf die Brotscheiben verteilen, mit Käsescheiben belegen und mit gehackter Petersilie bestreuen. Im Ofen oder Grill kurz überbacken.

Rehgeschnetzeltes

Zutaten für 2 Portionen

325 g Rehkeule
125 g Pfifferlinge
1 Zwiebel
25 g Butter
15 g Mehl
4 Eßlöffel Fleischbrühe
1 bis 2 Eßlöffel saure Sahne
Salz
schwarzer Pfeffer aus der Mühle
50 g Perlzwiebeln
1 Gewürzgurke

Zubereitung

1. *Das Fleisch sauber waschen, abtrocknen und in dünne Scheiben schneiden.*

2. *Die Pfifferlinge sauber waschen und abtropfen lassen.*

3. *Die Zwiebel schälen und hacken.*

4. *Das Fleisch mit der Butter in einem Topf kurz anbraten.*

5. *Die Zwiebelwürfel dazugeben und einige Minuten mitbraten, dann die Pfifferlinge dazugeben. Mit Mehl bestreuen und nochmals einige Minuten braten.*

6. *Mit heißer Fleischbrühe ablöschen und zugedeckt etwa 15 Minuten schmoren lassen.*

7. *Mit saurer Sahne, Salz und Pfeffer abschmecken. Vor dem Servieren mit Perlzwiebeln und kleingeschnittener Gewürzgurke garnieren.*

Vorspeise

Pilzkuchen

Zutaten für 4 Portionen

250 g Austernpilze
250 g Champignons
1 Zwiebel
1 Knoblauchzehe
1 Bund Petersilie
5 altbackene Brötchen
4 Eier
Butter
Salz
Pfeffer aus der Mühle
Muskatnuß
150 ml Sahne
100 ml Crème fraîche
1 Bund Basilikum

Zubereitung

1. *Die Pilze waschen und putzen, die Zwiebel und die Knoblauchzehe schälen, die Petersilie waschen und alles fein schneiden.*

2. *Eines der Brötchen fein reiben, die restlichen würfeln und mit den Eiern vermischen.*

3. *Etwas Butter in einer Pfanne erhitzen, darin die Pilze mit der Zwiebel und dem Knoblauch anschwitzen. Mit den Gewürzen abschmecken, mit der Petersilie zu den eingeweichten Brötchen geben und vermischen.*

4. *Eine Kuchen- oder Terrinenform einfetten, mit den Bröseln ausstreuen und die restlichen Brötchenbrösel in die Pilzmasse geben. Diese in die Form füllen, mit einem Deckel verschließen und im Backofen bei 175 Grad 45 bis 60 Minuten garen.*

5. *Den Kuchen aus der Form nehmen und über Nacht, mindestens aber 6 Stunden lang im Kühlschrank erkalten lassen.*

6. *Die Sahne und die Crème fraîche verrühren. Einige Basilikumblättchen zurücklegen, den Rest fein schneiden und zu der Creme geben. Mit den Gewürzen abschmecken.*

7. *Den Pilzkuchen in fingerdicke Scheiben schneiden und mit der kalten Basilikumsahne und einigen Basilikumblättchen anrichten.*

Lauwarmer Pilzsalat

Zutaten für 4 Portionen

200 g Morcheln
300 g Steinpilzchampignons
1 kleine Schalottenzwiebel
1 Bund Sauerampfer
Butter
Salz
Pfeffer aus der Mühle
Weißweinessig

Zubereitung

1. *Die Morcheln waschen, putzen und falls nötig halbieren. Die Champignons in Achtel schneiden.*

2. *Die Schalottenzwiebel schälen und dann fein würfeln.*

3. *Einige schöne Sauerampferblätter zurücklegen, den Rest fein schneiden.*

4. *Wenig Butter in einer Pfanne aufschäumen lassen, die Schalottenzwiebel und die Pilze hinzugeben und stark erhitzen. Mit Salz und Pfeffer abschmecken.*

5. *1 Eßlöffel Essig hinzugeben und zwei Eßlöffel nicht zu kalte Butter einarbeiten.*

6. *Die Pilze in eine Schüssel geben und vorsichtig mit dem Sauerampfer vermischen. Mit den zurückbehaltenen Sauerampferblättern auf Tellern anrichten*

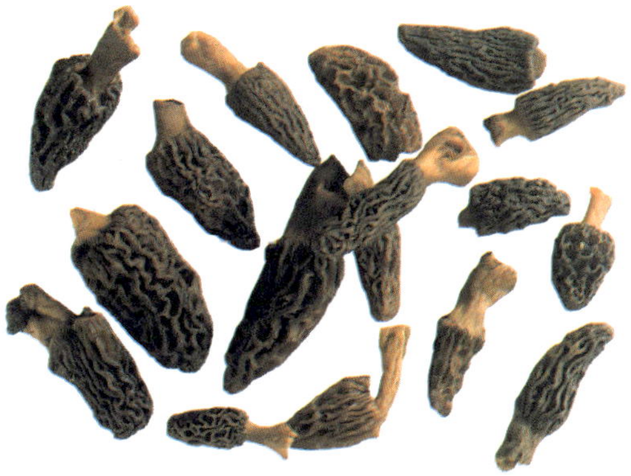

Pilzpfanne

Zutaten für 4 Portionen

150 g Morcheln
250 g Champignons
30 g getrocknete chinesische Pilze (Mu-err)
1 kleine Schalottenzwiebel
4 altbackene Brötchen
100 ml Milch
2 Eier
2 Eßlöffel Petersilie
Butter
Salz
Pfeffer aus der Mühle
Muskatnuß
Mehl

Zubereitung

1. Die Morcheln und die Champignons putzen, die Mu-err-Pilze einweichen.

2. Die Schalottenzwiebel schälen und dann fein würfeln.

3. Die Champignons achteln, die Mu-err-Pilze in schmale Streifen schneiden und die Morcheln eventuell halbieren.

4. Die Brötchen fein würfeln und mit der heißen Milch übergießen. Die Eier und die feingeschnittene Petersilie unterheben und abschmecken. Sollte die Masse zu feucht sein, etwas gesiebtes Mehl hinzufügen.

5. Mit befeuchteten Händen kleine Knödel formen und in siedendem Salzwasser etwa 10 Minuten garen lassen.

6. Die Zwiebelwürfel in Butter erhitzen, die Pilze zugeben, stark erhitzen und mit den Gewürzen abschmecken. 1 Eßlöffel nicht zu kalte Butter einarbeiten.

7. Die Pilze auf vorgewärmten Tellern mit den Knödeln anrichten

Morchelsuppe

Zutaten für 4 Portionen

30 g getrocknete Morcheln
1 kleine Zwiebel
1 kleine Knoblauchzehe
Butter
100 ml Sahne
1 Eigelb
1 Eßlöffel Crème fraîche
Salz
Pfeffer aus der Mühle
Muskatnuß

Zubereitung

1. *Die Morcheln in 1 Liter kaltem Wasser einweichen.*

2. *Die Zwiebel und die Knoblauchzehe schälen, fein schneiden und in wenig Butter andünsten.*

3. *Die Morcheln aus dem Einweichwasser nehmen, säubern und eventuell kleinschneiden. Zu der Zwiebel-Knoblauch-Mischung geben und anschwitzen. Das abgeseihte Morchelwasser zugeben und die Flüssigkeit auf 3/4 Liter einkochen lassen.*

4. *Die Sahne steif schlagen und das Eigelb unterziehen.*

5. *Die Crème fraîche in die Suppe geben, aufkochen und abschmecken.*

6. *Die Sahne-Eigelb-Mischung dazugeben und unter Rühren aufwallen lassen. Die Suppe in vorgewärmte Teller geben.*

Hauptgericht

Steinpilzauflauf

Zutaten für 2 Portionen

200 g Nudeln
500 g Steinpilze
20 g Butter
Salz
2 Eßlöffel gehackte Petersilie
3 Eßlöffel Semmelbrösel
Butterflöckchen

Zubereitung

1. *Die Nudeln in Salzwasser nicht zu weich kochen und gut abtropfen lassen.*

2. *Die Steinpilze sauber putzen, waschen und zerkleinern und in der erhitzten Butter weichdünsten.*

3. *Mit Salz und gehackter Petersilie abschmecken.*

4. *In eine gefettete Auflaufform abwechselnd eine Schicht Nudeln und eine Schicht Pilze füllen.*

5. *Mit Semmelbröseln bestreuen und mit einigen Butterflöckchen belegen.*

6. *Im Backofen bei 200 Grad etwa 20 Minuten überbacken.*

Gedünstete Steinpilze

Zutaten für 2 Portionen

500 g Steinpilze
1 Bund Petersilie
30 g Butter
2 Teelöffel Mehl
1/8 l saure Sahne
Salz
Pfeffer aus der Mühle

Zubereitung

1. *Die Pilze sauber putzen, waschen, abtropfen lassen und in Scheiben schneiden.*

2. *Die Petersilie kleinhacken, in der erhitzten Butter kurz andünsten und dann die Pilze dazugeben und weichdünsten.*

3. *Das Mehl mit der sauren Sahne vermischen und zu den Pilzen geben.*

4. *Alles gut verrühren, mit Salz und Petersilie abschmecken und noch einmal aufkochen lassen.*

Panierte Steinpilze

Zutaten für 2 Portionen

250 g Steinpilze
1 bis 2 Eier
30 g Semmelbrösel
30 g Butter
Salz
Pfeffer aus der Mühle

Zubereitung

1. *Die Pilze putzen, waschen, abtropfen lassen, in 1/2 bis 1 cm dicke Scheiben schneiden und mit Salz und Pfeffer würzen.*

2. *Die Eier und die Semmelbrösel vermischen.*

3. *Die Pilzscheiben in die Eimasse tauchen und in der erhitzten Butter ausbacken. Nach Geschmack kann man noch eine kleingehackte Zwiebel mitbacken.*

Sauer eingelegte Pilze

Zutaten pro 300 g Pilze

300 g gemischte Pilze
5 Stengel Estragon
5 Stengel Zitronenmelisse
5 Stengel Basilikum
$^3/_4$ l Weinessig
3 Dilldolden
3 Lorbeerblätter
10 Gewürznelken
1 Teelöffel schwarze Pfefferkörner
1 Teelöffel weiße Pfefferkörner
1 Eßlöffel Senfkörner
5 Knoblauchzehen
500 g Schalotten
1 rote Paprikaschote
Salz
Zucker
1 bis 2 Eßlöffel Olivenöl

Zubereitung

1. *Die Pilze gründlich putzen, waschen und je nach Größe zerkleinern.*

2. *Den Estragon, die Zitronenmelisse und das Basilikum von den Blättern befreien.*

3. *Die Stiele mit $^3/_4$ Liter Wasser, dem Weinessig, dem Dill, den Lorbeerblättern, dem Pfeffer, den Senfkörnern, den Nelken, den geschälten und zerkleinerten Knoblauchzehen, den geschälten und in Scheiben geschnittenen Schalotten und der gewaschenen, geputzten und zerkleinerten Paprikaschote sowie etwas Salz und Zucker aufkochen lassen.*

4. *Nach 5 Minuten abseihen und die Stengel von Estragon, Zitronenmelisse und Basilikum entfernen.*

5. *Die übrigen Gewürze mit den Pilzen und den abgezupften Blättern von Estragon, Zitronenmelisse und Basilikum in Gläser schichten und mit dem abgekühlten Sud übergießen. Gut verschließen und kühlstellen.*

6. *Nach 3 bis 4 Tagen den Sud abgießen, erneut aufkochen, abkühlen lassen und wieder in die Gläser füllen.*

7. *Den ganzen Vorgang noch einmal wiederholen.*

8. *In jedes Glas oben auf die Pilzmischung etwas Olivenöl geben, dann die Gläser gut verschließen und kühl aufbewahren.*

Beilage

Tiroler Pilzknödel

Zutaten für 2 Portionen

250 g Pfifferlinge
6 alte Brötchen
3 Eier
$^1/_4$ *l Milch*
1 kleine Zwiebel
1 Bund Petersilie
60 g Butter
Salz
Pfeffer aus der Mühle
etwas Mehl

Zubereitung

1. *Die Pfifferlinge putzen, waschen, abtropfen lassen. Große Pilze halbieren oder vierteln.*

2. *Die Brötchen in Würfel schneiden und im Backofen kurz rösten.*

3. *Die Eier mit der Milch verquirlen und auf die Brötchenwürfel gießen.*

4. *Die Zwiebel schälen, die Petersilie waschen und beides kleinhacken und in der erhitzten Butter kurz dünsten. Dann die Pilze dazugeben und weichdünsten.*

5. *Die Pilzmasse mit den Semmelwürfeln vermischen, mit Salz und Pfeffer abschmecken und etwa 1 Stunde ziehen lassen.*

6. *So viel Mehl dem Knödelteig zugeben, daß er sich formen läßt.*

7. *Knödel formen und in kochendem Salzwasser 20 Minuten ziehen lassen.*

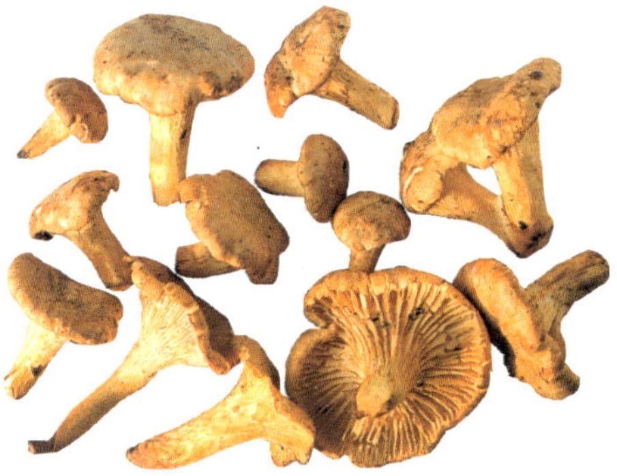

Stockschwämmchensauce

Zutaten für 4 Personen

300 g vorbereitete Stockschwämmchenhüte
3 Eßlöffel Butter
Salz
Pfeffer aus der Mühle
Paprikapulver
Saft von 1 Zitrone
100 g Johannisbeergelee
3 Teelöffel Senf

Zubereitung

1. *Die Pilzhüte sehr fein hacken und in einer Pfanne in 1 Eßlöffel Butter braten. Mit Salz und Pfeffer, Paprikapulver und dem Zitronensaft kräftig würzen.*

2. *In einer zweiten Pfanne 2 Eßlöffel Butter zergehen lassen. Das Johannisbeergelee, 1/10 Liter Wasser und den Senf dazugeben, unter Rühren zum Kochen bringen und die Sauce auf die gewünschte Konsistenz reduzieren.*

3. *Die Pilze hinzufügen, aufkochen lassen und eventuell nachwürzen.*

Gefüllte Schinkenrollen

Zutaten für 4 Portionen

400 g gemischte Pilze
100 g Butter
Salz
Pfeffer aus der Mühle
8 dünne Scheiben Schinken
1 Zwiebel
1 Eßlöffel Tomatenmark
1 Becher saure Sahne
50 g geriebener Käse

Zubereitung

1. *Die Pilze putzen, waschen und fein hacken.*

2. *Die Pilze in 50 g erhitzter Butter braten und vorsichtig mit Salz und Pfeffer würzen.*

3. *Auf jede Schinkenscheibe einen Teil des Pilzhacks geben, einrollen und die Röllchen in einer feuerfesten Form nebeneinanderlegen.*

4. *In dem Pilzsud zunächst die geschälte und fein gehackte Zwiebel dünsten, dann das Tomatenmark, die restliche Butter und die Sahne unterrühren.*

5. *Die Sauce mit Salz und Pfeffer würzen und über die Schinkenrollen verteilen.*

6. *Die Rollen mit dem geriebenen Käse bestreuen und im Backofen überbacken, bis der Käse geschmolzen ist.*

Pilzragout mit Spargel

Zutaten für 4 Portionen

400 g weißer Spargel
Salz
1 Eßlöffel Butter
200 g Champignons
100 g Sojabohnensprossen
3 Eßlöffel Crème fraîche
3 Eßlöffel gehackte Kräuter
Pfeffer aus der Mühle

Zubereitung

1. *Den Spargel von oben nach unten schälen, unten etwas kürzen und in Salzwasser zusammen mit der Butter etwa 20 Minuten bißfest garen. Dann herausnehmen und zugedeckt warm stellen. Den Fond aufheben.*

2. *Die Pilze kurz waschen, putzen, in Scheiben schneiden und in $^{1}/_{10}$ Liter des Spargelfonds kurz andünsten. Die gewaschenen Sprossen dazugeben und das Gemüse zugedeckt etwa 5 Minuten köcheln lassen.*

3. *Die Crème fraîche zu der Pilz-Sprossen-Mischung geben, das Ganze mit Salz und Pfeffer abschmecken und mit den Kräutern mischen.*

4. *Den Spargel auf vier Tellern anrichten und das Pilzragout darübergeben.*

Kräuterpilze

Zutaten für 2 Portionen

- *1 Zwiebel*
- *250 g gemischte Pilze*
- *1 Eßlöffel Butter*
- *2 Eßlöffel Haferflocken*
- *4 Eßlöffel Weißwein*
- *200 ml Gemüsebrühe*
- *3 Eßlöffel süße Sahne*
- *Salz*
- *Pfeffer aus der Mühle*
- *Muskatpulver*
- *Cayennepfeffer*
- *4 Eßlöffel feingehackte Kräuter*

Zubereitung

1. *Die Zwiebel schälen und fein hacken.*

2. *Die Pilze putzen, waschen, gut abtropfen lassen und je nach Bedarf kleinschneiden.*

3. *Die Butter in einer Pfanne erhitzen und die Zwiebelwürfel darin andünsten.*

4. *Die Pilze dazugeben und kurz mitdünsten.*

5. *Die Haferflocken dazugeben, den Weißwein, die Gemüsebrühe und die Sahne dazugießen. Alles bei mäßiger Hitze etwa 5 Minuten köcheln lassen.*

6. *Mit Salz, Pfeffer, Muskat und Cayennepfeffer abschmecken, die gehackten Kräuter daruntterrühren und servieren.*

Pilzragout mit Endivienkartoffeln

Zutaten für 2 Portionen

250 g Kartoffeln
Salz
150 g Champignons
150 g Pfifferlinge
2 Zwiebeln
2 Eßlöffel Öl
1 Lorbeerblatt
2 Eßlöffel feingehackte Petersilie
Pfeffer aus der Mühle
100 g Endiviensalat
Muskatnuß

Zubereitung

1. *Die Kartoffeln waschen, schälen und in wenig Salzwasser weich kochen.*

2. *In der Zwischenzeit die Champignons und die Pfifferlinge putzen, waschen und halbieren.*

3. *Die Zwiebeln schälen und in sehr feine Würfel schneiden.*

4. *Einen Eßlöffel Öl erhitzen, die Pilze und das Lorbeerblatt hinzufügen und alles etwa 4 Minuten dünsten lassen.*

5. *Die Petersilie dazugeben und die Pilzsauce mit Salz und Pfeffer abschmecken.*

6. *Die Kartoffeln abgießen und durch eine Kartoffelpresse drücken.*

7. *Den Endiviensalat putzen, waschen und in feine Streifen schneiden.*

8. *Das restliche Öl und die Endivienstreifen mit der Kartoffelmasse mischen, mit Salz und geriebener Muskatnuß würzen.*

9. *Das Pilzragout auf dem Püree anrichten.*

Tofuragout

Zutaten für 2 Portionen

- *200 g Tofu*
- *Saft von 1/2 Zitrone*
- *Worcestersauce*
- *Salz*
- *Pfeffer aus der Mühle*
- *2 Eßlöffel Mehl*
- *1 Zwiebel*
- *1 Bund Suppengemüse*
- *200 g gemischte Pilze*
- *2 Eßlöffel Öl*
- *200 ml Gemüsebrühe*
- *50 g Sahne*
- *Speisestärke*
- *Muskatnuß*
- *Cayennepfeffer*
- *2 Eßlöffel feingehackte Kräuter*
- *80 g Nudeln*

Zubereitung

1. *Den Tofu in Würfel schneiden, mit etwas Zitronensaft und Worcestersauce beträufeln und mit Salz und Pfeffer würzen. Die Tofuwürfel im Mehl wenden.*

2. *Die Zwiebel schälen, das Suppengemüse putzen und waschen und dann alles in feine Würfel schneiden.*

3. *Die Pilze putzen, waschen, kleinschneiden und mit Zitronensaft beträufeln.*

4. *Das Öl in einer Pfanne erhitzen und den Tofu darin unter Rühren braten. Herausnehmen und warm stellen. Das Gemüse ins verbliebene Bratfett geben und unter ständigem Rühren braten.*

5. *Die Pilze zum Gemüse geben und kurz mitdünsten. Die Gemüsebrühe und die Sahne dazugeben und einmal aufkochen lassen.*

6. *Das Ganze mit etwas Speisestärke binden und mit Salz, Pfeffer, geriebener Muskatnuß und Cayennepfeffer kräftig würzen.*

7. *Den Tofu und die Kräuter unter das Gemüse heben und erhitzen.*

8. *Die Nudeln in Salzwasser bißfest kochen und mit dem Ragout anrichten.*

Pilzbutter

Zutaten für 4 Portionen

- *100 g Butter*
- *2 bis 3 große Champignons*
- *etwas Zitronensaft*
- *1/2 Zwiebel*
- *3 Eßlöffel feingehackte Kräuter*
- *Kräutersalz*
- *Pfeffer aus der Mühle*

Zubereitung

1. *Die Butter schaumig rühren.*

2. *Die Champignons putzen, in Zitronenwasser waschen und sehr fein würfeln.*

3. *Die Zwiebel schälen, dann ebenfalls in feine Würfel schneiden.*

4. *Die Champignon- und die Zwiebelwürfel mit der Butter und den fein gehackten Kräutern mischen und mit Kräutersalz und Pfeffer abschmecken.*

5. *Die Pilzbutter noch am gleichen Tag verbrauchen.*

Pilztaschen

Zutaten für 4 Portionen

250 g Mehl
200 g gekühlte Butter
250 g Quark
Salz
1 große Zwiebel
400 g Champignons
Saft von 1 Zitrone
3 Eßlöffel Öl
Muskatnuß
Pfeffer aus der Mühle
1 bis 2 Eßlöffel Mehl
3 Eigelb
5 Eßlöffel Sahne
1 Eßlöffel gehackte Petersilie
1 Eßlöffel Milch
50 g geriebener Emmentaler Käse

Zubereitung

1. *In einer Schüssel mit dem Knethaken des Handrührgerätes das Mehl, die kleingeschnittene Butter und den Quark mit etwas Salz verkneten.*

2. *Dann den Teig zu einem Band ausrollen, von beiden Seiten zur Mitte hin einschlagen, dann zusammenklappen und wieder ausrollen. Diesen Vorgang zweimal wiederholen. Dazwischen immer wieder kühl stellen.*

3. *Die Zwiebel schälen und in feine Scheiben schneiden. Die Champignons putzen und in Zitronenwasser kurz waschen, trockentupfen und in feine Scheiben schneiden.*

4. *Das Öl erhitzen, die Zwiebelscheiben darin andünsten und herausnehmen. Die Champignons in der gleichen Pfanne dünsten, dann mit Salz und Gewürzen abschmecken.*

5. *Das Mehl dazugeben und anschwitzen. Zwei Eigelbe mit der Sahne mischen und mit den Zwiebeln zu den Pilzen geben. Kurz erhitzen, aber nicht kochen lassen.*

6. *Das Ragout mit der feingehackten Petersilie bestreuen.*

7. *Den Backofen auf 225 Grad vorheizen. Den Teig dünn ausrollen, mit einem Küchenrädchen in Quadrate von 10 x 10 Zentimeter schneiden.*

8. *Auf diese Quadrate etwas Pilzfüllung geben. Die 4 Ecken zur Mitte hin einschlagen.*

9. *Das restliche Eigelb und die Milch verquirlen und die Teilchen damit bestreichen. Die Teigtaschen auf ein Backblech setzen. In 20 bis 25 Minuten goldgelb backen, dabei 10 Minuten vor Garende mit dem Käse bestreuen.*

Champignonkrapfen

Zutaten für 4 Portionen

- 50 g Butter
- 1/4 l Gemüsebrühe
- Salz
- 150 g Mehl
- 4 mittelgroße Eier
- 1/2 Teelöffel Backpulver
- Öl zum Ausbacken
- 1 Eßlöffel Butter
- 250 g Champignons
- 200 g Kräuterfrischkäse
- 1/2 Tasse Weißwein
- 1/2 Bund Petersilie
- 1 Eßlöffel eingelegte grüne Pfefferkörner
- Salz
- Pfeffer aus der Mühle
- Kümmelpulver
- Worcestersauce

Zubereitung

1. Die Butter, die Gemüsebrühe und Salz in einen Topf geben und zum Kochen bringen.

2. Das Mehl unterrühren und so lange rühren, bis sich das Ganze vom Topfboden löst. Den Topf vom Herd nehmen.

3. Die Eier nach und nach unter den Teig schlagen und zum Schluß das Backpulver unterziehen.

4. Mit 2 Teelöffeln kleine Klößchen abstechen.

5. Die Klößchen in heißem Öl goldgelb ausbacken, herausnehmen und warm stellen

6. Für die Füllung die Butter erhitzen und die geputzten und blättrig geschnittenen Champignons andünsten. Kurz abkühlen lassen und mit dem Kräuterfrischkäse und dem Weißwein verrühren.

7. Die gewaschene, feingehackte Petersilie und die enthäuteten, entkernten und in Würfel geschnittenen Tomaten sowie die Pfefferkörner darunterziehen.

8. Mit Salz, Pfeffer, Kümmel und Worcestersauce abschmecken.

9. Die Klößchen halbieren und die Füllung hineingeben.

10. Den Deckel aufsetzen und servieren.

Hauptgericht

Hühnerbrust mit Totentrompeten

Zutaten für 4 Portionen

- 4 Hähnchenbrüste a 150 g
- Salz
- Pfeffer aus der Mühle
- 4 Scheiben durchwachsener Speck
- $1^1/_2$ Eßlöffel Öl
- 300 g Totentrompeten
- 1 Zwiebel
- 150 ml Hühnerbrühe
- Thymian
- Rosmarin
- 2 cl Sherry oder Madeira

Zubereitung

1. Den Backofen auf 180 Grad vorheizen. Die Geflügelbrüste mit Salz und Pfeffer würzen, mit je 1 Scheibe Speck belegen und diese mit Holzzahnstochern befestigen.

2. Das Fleisch in einen Bräter mit $^1/_2$ Eßlöffel heißem Öl geben und im Backofen etwa 25 Minuten garen.

3. Inzwischen die Pilze waschen, putzen und etwas kleinschneiden.

4. Die Zwiebel schälen und in kleine Würfel schneiden.

5. Die Pilze und die Zwiebelwürfel in 1 Eßlöffel Öl glasig dünsten.

6. Die Brühe zu den Pilzen gießen, Thymian, Rosmarin und Sherry oder Madeira dazugeben und das Ganze mit Salz und Pfeffer abschmecken.

7. Die Hähnchenbrüste in Streifen schneiden und zusammen mit dem Pilzgemüse anrichten.

Steinpilzkartoffeln

Zutaten für 4 Portionen

4 große Kartoffeln
1 Zwiebel
200 g Steinpilze
1 Eßlöffel Öl
30 g gekochter Schinken
1 Eigelb
1 Eßlöffel Crème fraîche
1 Eßlöffel gehackte Petersilie
Salz
Pfeffer aus der Mühle
4 Teelöffel geriebener Parmesan

Zubereitung

1. *Die Kartoffeln waschen und als Pellkartoffeln garen.*

2. *Inzwischen die Zwiebel schälen und fein würfeln.*

3. *Die Steinpilze waschen und kleinschneiden.*

4. *Die Zwiebelwürfel in dem Öl glasig dünsten, die Pilze dazugeben und alles etwa 5 Minuten bei milder Hitze garen.*

5. *Die Kartoffeln halbieren und die Hälften mit einem Eßlöffel vorsichtig aushöhlen. Das herausgelöste Kartoffelfleisch durch eine Presse drücken.*

6. *Den Backofen auf 180 Grad vorheizen.*

7. *Den Schinken in kleine Würfel schneiden, mit den Pilzen mischen und alles unter die durchgepreßte Kartoffelmasse geben.*

8. *Das Eigelb, die Crème fraîche und die Petersilie unter die Kartoffel-Pilz-Masse rühren und mit Salz und Pfeffer abschmecken.*

9. *Die Kartoffelhälften mit der Pilzmasse füllen und mit dem Parmesan bestreuen.*

10. *Die Kartoffeln im Backofen etwa 3 Minuten überbacken.*

Überbackene Pilzpfanne

Zutaten für 2 Portionen

- 200 g vorbereitete Mischpilze nach Geschmack
- 2 Eßlöffel Butter
- 1 Teelöffel Curry
- 1 Knoblauchzehe
- 4 Eier
- Salz
- frisch geriebene Muskatnuß
- 100 g milder Schnittkäse
- 2 Eßlöffel feingeschnittener Schnittlauch
- 1/2 Salatgurke, in Scheiben
- 2 Tomaten, in Scheiben

Zubereitung

1. Die Pilze gegebenenfalls in kleine Stücke schneiden

2. Die Butter in einer Pfanne zerlassen und die Pilze darin anbraten. Mit Curry und der geschälten, zerdrückten Knoblauchzehe würzen und etwa 5 Minuten schmoren lassen.

3. Die Eier mit drei Eßlöffel Wasser, Salz und einer Prise geriebener Muskatnuß verquirlen und über die Pilze gießen.

4. Den Käse in kleine Scheiben schneiden und darauf verteilen. Zugedeckt bei schwacher Hitze etwa 10 Minuten stocken lassen.

5. Die Pilzpfanne mit dem Schnittlauch bestreuen und mit Gurken- und Tomatenscheiben garnieren.

Huhn mit Ritterlingen

Zutaten für 4 Portionen

- 1 Brathuhn
- Salz
- Pfeffer aus der Mühle
- 1 Teelöffel Pilzpulver
- 1 Eßlöffel gehacktes Estragon
- Butter
- 1/2 Schalotte
- 1 Zwiebel
- 800 g Rötelritterlinge
- Paprikapulver
- Crème fraîche

Zubereitung

1. Das Huhn salzen, von innen zusätzlich mit Pfeffer, dem Pilzpulver und 1/2 Eßlöffel Estragon würzen, zustecken und in einer entsprechenden Pfanne in reichlich Butter von allen Seiten anbraten.

2. Das Huhn in eine hohe, feuerfeste Keramik- oder Glasform geben, im auf 200 Grad vorgeheizten Backofen ohne Deckel unter häufigem Begießen und Wenden etwa 30 Minuten braten und anschließend warm stellen.

3. Den Bratenfond in die Pfanne zurückgeben. Den restlichen Estragon, die fein gewiegte Schalotte, die geschälte und gehackte Zwiebel darin andünsten, die grob zerteilten Pilze mit Salz und Pfeffer würzen und etwa 5 Minuten braten.

4. Das Huhn und die Pilze in die feuerfeste Form zurückgeben, mit Paprikapulver abschmecken und die Crème fraîche hinzufügen.

5. Nochmals in den Backofen stellen und offen etwa 25 Minuten schmoren lassen.

Pfifferlingsrisotto

Zutaten für 4 Portionen

1 Zwiebel
50 g Butter
1 Tasse Reis
$1\frac{1}{2}$ Tassen Fleischfond oder starke Fleischbrühe
$\frac{1}{2}$ Tasse Weißwein
Salz
Pfeffer aus der Mühle
1 Prise Safran
300 g Pfifferlinge
2 Eßlöffel Butter

Zubereitung

1. *Die Zwiebel schälen, fein hacken und in der Butter glasig dünsten.*

2. *Den Reis einrühren und unter wiederholtem Wenden andünsten.*

3. *Den Fleischfond und den Weißwein zugeben und mit Salz und Pfeffer würzen.*

4. *Mit einer Prise Safran etwas Farbe nehmen lassen und etwa 20 Minuten bei schwacher Hitze garen.*

5. *Die Pfifferlinge putzen, größere Pilze eventuell halbieren, dann etwa 3 Minuten in Butter braten und mit Salz und Pfeffer würzen.*

6. *Die Pfifferlinge unter das Risotto heben, abschmecken und sofort servieren.*

Pfifferlingscrêpes

Zutaten für 4 Portionen

250 g Pfifferlinge
1 Zwiebel
1 Scheibe durchwachsener Speck
3 Eier
1 Eßlöffel Mehl
Milch
Salz
Pfeffer aus der Mühle
1 Bund Schnittlauch
50 g Butter

Zubereitung

1. *Die Pfifferlinge putzen, säubern und klein schneiden.*

2. *Die Zwiebel schälen und klein hacken.*

3. *Den Speck in kleine Würfel schneiden und anbraten.*

4. *Die Zwiebelwürfel in dem ausgetretenen Fett glasig dünsten und abkühlen lassen.*

5. *Die Eier verquirlen. Das Mehl und etwas Milch unterrühren und den Teig mit Salz und Pfeffer würzen.*

6. *Den Schnittlauch waschen, in feine Ringe schneiden und mit den Pfifferlingen und den Speckwürfeln unter den Crêpeteig mischen.*

7. *Etwas Butter in einer Bratpfanne erhitzen und bei mittlerer Temperatur kleine Crêpes backen.*

Gegrillte Pilze

Zutaten für 4 Portionen

800 g festfleischige Pilze
2 Knoblauchzehen
1 Zwiebel
1/2 Tasse Öl
1 Teelöffel Worcestersauce
1 Teelöffel Zitronensaft
Salz
Pfeffer aus der Mühle

Zubereitung

1. *Die Pilze putzen, waschen und trockentupfen. Sehr große Pilze längs durchschneiden oder für Spieße entsprechend zerkleinern.*

2. *Die Knoblauchzehen und die Zwiebel schälen. Die Knoblauchzehen durch die Knoblauchpresse drücken, die Zwiebel fein reiben. Beides mit dem Öl verrühren.*

3. *Das Öl mit Worcestersauce und Zitronensaft würzen und mit Salz und Pfeffer kräftig abschmecken.*

4. *Die Pilze rundum mit dem Öl bestreichen und auf einem sauberen, gut eingeölten Rost grillen oder mit anderen Zutaten nach Wahl (zum Beispiel Zucchinischeiben, Speckwürfel, Paprikastreifen) auf Spieße stecken und ebenfalls grillen.*

Gefüllte Paprika

Zutaten für 2 Portionen

100 g Champignons
150 g Schweinefleisch
1 bis 2 Tomaten
1/2 Zwiebel
20 g Butter
Pfeffer aus der Mühle
Salz
Paprikapulver
2 Paprikaschoten
etwas Fleischbrühe nach Bedarf
2 Eßlöffel Crème fraîche
1 Teelöffel Speisestärke
Tabascosauce

Zubereitung

1. *Die Champignons putzen, bei Bedarf waschen und in kleine Scheiben schneiden.*

2. *Das Fleisch in kleine Würfel schneiden.*

3. *Die Tomaten kurz in kochendes Wasser geben und dann enthäuten.*

4. *Die Zwiebel schälen und klein hacken.*

5. *Die Butter erhitzen und die Fleisch- und Zwiebelwürfel darin anbraten.*

6. *Die Hälfte der Tomaten in Scheiben schneiden und mit den Champignons zum Fleisch geben. Etwa ein Viertelliter Wasser dazugießen und alles bei schwacher Hitze garen lassen.*

7. *Die Mischung in ein Sieb geben und die Flüssigkeit auffangen, dann die Mischung in eine Schüssel geben und mit Salz, Pfeffer und Paprikapulver würzen.*

8. *Den Rest der Tomate in kleine Würfel schneiden und zum Fleisch geben.*

9. *Die Paprikaschoten waschen, einen Deckel abschneiden und das Innere entkernen. Dann die Fleisch-Tomaten-Mischung einfüllen.*

10. *Die Deckel wieder aufsetzen und die Paprikaschoten in eine kleine gefettete Auflaufform setzen.*

11. *Den Bratensaft aufgießen (bei Bedarf etwas zusätzliche Fleischbrühe auffüllen), die Form in den auf 180 Grad vorgeheizten Backofen schieben und die Paprikaschoten etwa 30 Minuten garen.*

12. *Die Speisestärke mit etwas Wasser anrühren. Die Sauce damit binden, mit der Crème fraîche verfeinern und mit Tabasco abschmecken.*

Pilzcremesuppe

Zutaten für 4 Portionen

- *1 Zwiebel*
- *100 g Butter*
- *1 Eßlöffel Mehl*
- *$1^1/_2$ l Fleischbrühe*
- *100 g vorbereitete Schopftintlinge*
- *Pfeffer aus der Mühle*
- *Salz*
- *2 Eßlöffel Crème fraîche*
- *2 Eßlöffel fein gehackte Petersilie*
- *Weißbrot*
- *geriebener Emmentaler*

Zubereitung

1. *Die geschälte und fein gehackte Zwiebel in der Butter glasig dünsten.*

2. *Mit dem Mehl bestäuben, etwas anbräunen lassen und die Fleischbrühe angießen. Das Ganze aufkochen lassen.*

3. *Die fein gehackten Pilze dazugeben und 5 Minuten kochen lassen.*

4. *Die Suppe durch ein Sieb streichen und nochmals erhitzen.*

5. *Mit Pfeffer und wenig Salz würzen und die Crème fraîche und die fein gehackte Petersilie vorsichtig unterrühren.*

6. *In einer Suppenterrine lagenweise fein geschnittene Weißbrotscheiben auslegen und jede Schicht mit frisch geriebenem Emmentaler bestreuen.*

7. *Die Suppe in die Terrine füllen, einige Minuten bei geschlossenem Deckel ziehen lassen und servieren.*

Pilz-Kräuter-Salat

Zutaten für 4 Portionen

500 g Pilze (verschiedene festfleischige Arten)
1 Teelöffel Honig
Pfeffer aus der Mühle
eine Tasse gemischte Kräuter (Bärlauch, Minze, Basilikum, Dill, Petersilie, Liebstöckel, Weinraute und Fenchel), gewaschen und fein gehackt
Olivenöl
Sardellenpaste
Worcestersauce
0,2 l trockener Riesling

Zubereitung

1. *Die vorbereiteten, in mundgerechte Stücke geschnittenen Pilze mit dem Honig, reichlich frisch gemahlenem Pfeffer und den feingewiegten Kräutern 15 Minuten in etwas Olivenöl bei kleiner Flamme schmoren lassen.*

2. *Die Pilze aus dem entstandenen Sud herausnehmen und abkühlen lassen.*

3. *Den Pilzsud auf die gewünschte Menge reduzieren.*

4. *Dann den Sud mit etwas Sardellenpaste, Worcestersauce und dem Wein verrühren und so eine Marinade zubereiten.*

5. *Die Marinade über die Pilze geben und den Salat gut durchkühlen lassen.*

Verzeichnis der Pilze

Die mit einem Sternchen (*) gekennzeichneten Pilze sind nur kurz beschrieben.

Rezeptverzeichnis